Manfred Seidler

Abwarten und Tee trinken

Manfred Seidler

Abwarten und Tee trinken

Wie man Kindern entlockt, was in ihnen steckt

Illustrationen von Jules Stauber

Herder

Freiburg · Basel · Wien

Umschlagzeichnung: Jules Stauber

© Verlag Herder Freiburg im Breisgau 1986
Herstellung: Freiburger Graphische Betriebe 1986
ISBN 3-451-20600-5

Inhalt

Zornig und kalt
gegen den Mann der Gewalt,
doch vor dem Kind
beuge dein Haupt wie ein Rind

Lu Hsün 1881–1936

Vorwort

Ein Vater und Lehrer erinnert sich an Typisches,
wie er meint. „Vater und Lehrer" ist der Titel der
schärfsten Satire Manfred Bielers (1968) gegen die
Diktatur, gegen jeden Diktators großinquisitori-
sche Gewißheit, für alles und jeden in Barmherzigkeit sorgen zu müssen, damit alles gut sei. –
Die hier vorgelegten Glossen haben – nicht hä-
misch zwar, schon ein wenig ironisch – etwas zu
tun mit der großinquisitorischen Geste des „Vaters und Lehrers", immerdar erreichen zu wollen,
daß alles gut sei mit den Kindern – im Durchsetzen oder im Behütenwollen. Unsere Kinder und
die Kinder anderer Leute haben mich gelehrt, ab-
zuwarten und zuzuhören, nicht gleich eingreifen
zu wollen, nicht zu meinen, ich müsse unentwegt
für die Kinder entscheiden. „Vater und Lehrer"
weiß nicht alles besser als die Kinder; er braucht
nicht bei allen Pannen, in Krisen, im Alltag und
vor Ratlosigkeit der Kinder stets Lösungsstrate-
gien parat zu halten. Er sollte Vertrauen in die
Kinder setzen, damit er ihnen entlocke, was in ihnen steckt. Die Kinder, die dem „Vater und Lehrer" bis zu ihrer Emanzipation nur anvertraut

sind, erhoffen sich seine Gelassenheit und seine Sicherheit, nicht seine Besserwisserei, sein Dreinreden, seine Aufklärung: die holen sie sich schon selbst. Argumente bewirken nichts, solange sie nicht auf längst gestellte Fragen treffen. Kinder auch auf ihren Umwegen nicht allein zu lassen, bleibt unsere Hausaufgabe.

Der „Vater und Lehrer" ist heute Großvater und pensioniert. Seine Kinder sind dreißig, seine ersten Abiturienten feiern ihren fünfzigsten Geburtstag manchmal mit ihm zusammen. Er war Tischgespräch in hunderten von Elternfamilien, war Ärgernis und Befragter, Mitveranstalter von Reformen und Bremser von Reformisten in der Schule. Nach zwanzig Jahren im Alten Gymnasium und fünfzehn im differenzierten Gymnasium von heute ist er für das letztere und gegen das Unken vom Bildungsverlust, gegen die allgemeine Ungeduld und für den Optimismus der Kinder.

Ein Lehrer kann es natürlich nicht lassen, zum Beispiel zu ordnen, nach dem Alphabet, zusammenzufassen unter Leitgedanken, Erfahrungsrezepte zu sammeln und darzulegen. So ist dieses kleine ABC des Umgangs mit Kindern vielleicht auch so etwas geworden wie eine Haus- und Schulapotheke, die selbstverständlich längst nicht alles – aber doch manches probate Mittelchen enthält, aus Erfahrung gemixt.

Trotzdem: Der Verfasser bleibt als „Vater und Lehrer" der dankbar sich Erinnernde, weil die Kinder sein Lebtag verhindert haben, daß Erlerntes, Erfahrenes, Geprüftes und Gedachtes sich zu Unumstößlichkeiten festsetzte. Deshalb ist diese Sammlung von Erfahrungen und Gedanken über das beschwerliche und zauberhafte Tun des Erziehers ein Dank an die Kinder, vor denen das Haupt zu beugen wie ein Rind er lernte.

Manfred Seidler

„Aufklärung"

Die „unfruchtbaren Väter"

Heute haben alle Eltern aller kleinen Kinder gar keine Probleme mehr mit der Aufklärung. Von allem Anfang an wissen die Kleinen alles, und das ist familienöffentlich. Nie mehr sollen die Kleinen in die Verlegenheit geraten, nicht Bescheid zu wissen. Das Söhnchen badet mit der Mutti, begleitet sie zur Ultraschall-Untersuchung, sieht das erwartete Schwesterchen, bevor es da ist, kann alles benennen, ganz richtig, ganz natürlich ...

Niemals mehr wird es ihm ergehen wie seinem Großvater, der sich auf dem Schulhof herumschlug mit dem vermeintlichen Beleidiger seiner Mutter, die ihm unter dem Siegel der Verschwiegenheit und der Auszeichnung anvertraut hatte, das Geschwisterchen wachse unter ihrem Herzen ... Dann mußte das Geschwisterchen doch dort herauskommen, wo es wuchs, aus der Brust, nicht wahr? Wumm! saß die Faust im Gesicht des schmutzigen Angebers: Mochte der herausgekommen sein, wo er wollte – bei uns nie!

Heute kann das einem Vierjährigen nicht mehr passieren: Er marschiert mit seinem Plastikschwert (lange genug hatten die Eltern dies Kriegsspielzeug verweigert, bis die Kindergarten-Ehre

des Sohnes auf dem Spiel stand!) und erklärt: „Jetzt stecke ich das Schwert aber in die ..." Er stockt, tut's und verkündet stolz „...in die Höhle!" – Er konnte sein Schwert nicht mehr in die Scheide stecken. Der Vierjährige hat selbst die Wörter tabuisiert – als Ergebnis der Aufklärung. Der Großvater lächelt fein, die Großmutter erschrickt und wundert sich und die Eltern überlegen: Wir haben ihn doch ganz frei erzogen?

Vor 25 Jahren hatte die Mutter dieses Vierjährigen zu ihrer Mutter eines Tages gesagt: „Die Männer sollten eigentlich (!) unfruchtbare Frauen heißen, denn sie können keine Kinder gebären!" Und jene Mutter konnte aufklären, warum die Väter nicht gar so unfruchtbar seien, auch damals nicht, und hatte sich an beidem gefreut – an der guten Gelegenheit und an dem entzückenden Selbstbewußtsein. Die hohe Zeit des Emanzipatorischen lag noch in der Zukunft.

Nach 1968 gab's dann die Lehrbücher. „Sexualität und Gesellschaft" – „Sexualität, Entwicklung, Wachstum" in eben dieser vorwärtsdrängenden Reihenfolge; es gab die Lieder des Gripstheaters „Warum ist die Banane krumm?". Man war gewitzt damals! Da sagte die Sechzehnjährige stöhnend: „In der Sexta Geschlechtserziehung, in der Untertertia schon wieder und heute in der Obersekunda noch einmal ... Und wenn man's dann braucht, kann man's nicht ..."

Heute muß der Vierjährige sein Schwert in die Höhle stecken!

Autorität

Lächle – und fürchte dich nicht

Zwei Töchter Gogarten liegen abends im Bett; fragt die eine: „Sag' mal, Dorothee, was ist eigentlich Autorität?" – „...?" – „Es muß jedenfalls etwas sein, das man unterm Nachthemd trägt." – „...?" – „Na ja, als Vater gestern abend im Nachthemd über den Flur ging, sagte doch Mutti zu ihm: ‚Paß auf, Du verlierst noch Deine ganze Autorität!'".

Autorität und Lächerlichkeit liegen nahe beieinander. Man weiß: der vergeblich um Autorität Buhlende macht sich lächerlich, angemaßte Autorität ist's von vornherein. Jeder Lehrer – durch seine Schüler unsicher gemacht – wird ausgelacht, sobald er nichts als Anzug, Alter, Amt und Anspruch als vermeintliche Autorität gegen abwartend herausforderndes Lachen setzen kann.

Jeder muß wissen, daß Autorität zu gewinnen, die Risikobereitschaft eines Seiltänzers voraussetzt: Ein polternder Haufe Tertianer brachte den Lehrer an den Rand der Resignation. Er war jung und hatte Erdkunde- oder Zeichenunterricht, irgendein Fach zur Vertretung. Zunehmendes Getöse wurde zum endgültigen Test eingesetzt. Wird er – wird er nicht – was?

Mit dem Leichtsinn des Untergehenden brüllt er Unverständliches in den Haufen und springt zugleich aus dem Stand auf den ersten besten

Schülertisch. Er hatte derlei nie versucht – und steht oben. Sofortige Stille und der Blick aller nach oben erlauben den leise, lächelnd gesprochenen Satz: „Nun wollen wir zu arbeiten beginnen." Das geschieht.

Die unerwartete Spontaneität hatte einen kleinen Schrecken gesetzt, das Lächeln hatte erleichtert. Der Lehrer hatte nicht wissen können, ob es gut gehen würde. Nicht daß er hätte stolpern, fallen, aufschlagen können, war die Gefahr. Vor allem anderen konnte er nicht wissen, ob selbst ein gelungener Sprung nicht als Verzweiflungstat verstanden worden wäre und erst recht Gelächter hervorgerufen hätte. Der Lehrer war frech, hatte gewonnen und nutzte die Sekunde.

Der junge Assessor steht jeden Mittwochmorgen vor der Großen Pause unter Angstschweiß; er hat Aufsicht, und eine kleine, nicht faßbare Gruppe Sekundaner – er kennt niemanden aus dem Unterricht – stellt ihn Woche für Woche auf die Probe: Man lockt ihn zu wechselnden Schauplätzen scheinbar gefährlicher Balgereien; am Mittwoch drauf zündet ein Häuflein Provokateure an verschiedenen Ecken des Hofes Feuerchen aus Brotpapieren an; die Meute des Schulhofs beginnt zu beobachten. Eine Woche später turnt man waghalsige Pyramiden hoch ... jeden Mittwoch etwas anderes, jedesmal muß der Assessor schnell reagieren. Er spürt den spannender werdenden Wettkampf, fürchtet, für den nächsten Einfall nicht gewappnet zu sein, bis er eines

Mittwochs merkt, daß eine Schüler-Schlange sich hinter seinem Aufsichtsweg über den Hof zu bilden beginnt. Sie wird länger mit jedem seiner Schritte, er denkt nach, zieht die Schlange in immer weiter werdenden Schleifen hinter sich her, ist also beteiligt inzwischen am Spiel, spürt das zunehmende Glucksen in seinem Rücken. Er denkt nach. Bald sind dreihundert Schüler auf ihn an der Spitze des Gänsemarsches fixiert. Er spürt die Nadeln der Blicke im Kreuz und – kommandiert lautstark: „Gaaanze Aabteilung halt! – Gaaanze Abteilung kehrt! – Ganze Abteilung Marsch!" Er hatte selbst stillgestanden, hatte nur rechts um gemacht, war weiter marschiert und – regelrecht, weil alle Schüler durch die geschlängelte Linie ja mit ihren Gesichtern in unterschiedlichster Richtung stehen – marschiert der gewesene Zug in seine eigene Auflösung. Der Assessor konnte für sich allein weiterschlendern und hatte die Lacher auf seiner Seite. Niemand war blamiert, man hatte sein Schauspiel gehabt, und der Assessor hatte es dirigiert – auf die Gefahr hin, sich lächerlich zu machen.

In diesen winzigen Momenten Unsicherheit steckt ein Quentchen des Unterschieds von Autorität und Macht. Wer Autorität herausfordert, erwartet gerade jene Selbstgewißheit, die nur aufblitzt, wenn's drauf ankommt. Macht unterdrückt, Autorität setzt frei.

Der Lehrer, der Schulleiter, die Eltern – wie alle Vor-Gesetzten – exponieren sich ständig. Sie tun es, ob sie es wollen oder nicht, weil sie vor-gesetzt sind, vor-stehen; nur sollten sie's lächelnd tun. Und sie sollten wie selbstverständlich zeigen: unabhängig von der Erwartung der anderen rundum sind sie sie selbst und dadurch allein. Darin steckt die Chance, durch eine winzige Portion Frechheit, Chuzpe, die Abwartenden zur Zustimmung zu überrumpeln – zu aller Überraschung und Gewinn.

Jeder Exponierte wird karikiert. Seine Schwächen werden hervorgekitzelt. Die Karikatur soll und will provozieren. (Doch – wieviele Politiker zählen begierig die Zahl der auf sie gemünzten Karikaturen, auch die gehässigen, zum Beweis ihres Ansehens?!) Wer über sein Zerrbild lachen kann, ist ihm vorweg. Wer dem Herausforderer den karikierenden Angriff zugesteht und eine mögliche Gehässigkeit einfach nicht annimmt – so als könne sie gar nicht gemeint sein –, der läßt den Angreifenden, den Probierenden die Grenzen selbst finden. Wer sich nicht fürchtet, wer der Karikatur standhält, weil er souverän den bösartigen Stachel übersieht, besteht. Er geht den kleinen Mut-Schritt zur Beinahe-Lächerlichkeit voran und kann zum gemeinsamen Lachen einladen. Er braucht den provozierenden Partner – denn Partner soll er doch bleiben – nicht zu bekämpfen, zu ironisieren und gewinnt Sympathie und Autorität. Ein Seiltanz – zugegeben –, aber ein lohnender. Wer auf diese Weise Autorität findet, braucht sich nicht zu fürchten wie der Mächtige.

Blamagen

Fehler, die man nur einmal macht

Als man noch Besinnungsaufsätze schrieb, beantwortete ein Primaner die (schlecht gestellte) Aufsatzfrage: „Kann man dem Leiden einen Sinn abgewinnen?" mit Phrasen, wie der Lehrer meinte; der schrieb „Mangelhaft" – unter ein Bekenntnis. Denn waren es Phrasen, wenn der Primaner, was der Lehrer nicht wissen konnte, zuckerkrank war und von seinen Gefühlen erzählte? Wie hätte der Schüler mit dem Verdikt „Phrase" je fertig werden können, wenn sich das klärende Gespräch nicht ergeben hätte?

„Quatsch" schrieb der Lehrer einmal nachts um halb drei und müde, verärgert an den Rand eines Aufsatzes. Vom nächsten Morgen an sagte der Getroffene kein Wort mehr im Unterricht. Er hatte Recht.

Im ungeduldigen Zorn über das schleppende Gespräch zu Faust und Gretchen provozierte der Unterrichtende den Kurs mit einer zur Sache gehörenden Obszönität. Die steht dann in der nächsten Ausgabe der Schülerzeitung – als Zitat aus Lehrermund.

Daß die Geduld nicht reicht, daß Besserwisserei

nicht zuhören läßt, Unsicherheit eine Diskussion abwürgt, Eitelkeit den guten Gedanken aus Schülermund nicht akzeptieren läßt, Sturheit ein Gespräch erstickt ..., daß sich durch derlei Langeweile in den Unterricht frißt, das muß man zugeben können.

Buchstabieren

„Die Süßigkeit der Schrift verkosten"

Buchstabieren will gelernt sein – aus der Fibel wie der diplomatischen Note, fürs Plakat und im Gedicht, beim Roman und aus Parteiprogrammen.

Erstkläßler – vor gar nicht langer Zeit – wurden verwirrt, als sie die Fibel lesen mußten, ohne buchstabiert zu haben; da wußten sie nicht, ob sie beim Lesen raten sollten oder durften. Im Ganzwort-Moden-Schwall sangen sie die Sätze und buchstabierten nicht. Erst nachdem sie die Analyse der Wortbildchen WALDI LÄUFT nachgeholt hatten – W – A – L – D – I –, wurden sie sicher und verstanden: nicht auf die richtige Satzmelodie kommt es beim Lesen an, sondern auf die Buchstaben. Nicht furchtbar, sondern fruchtbar steht da und wird das Lesen sein, wenn das Buchstabieren auch langsam geht.

Oberstufenschülern ist dasselbe immer noch beizubringen und zwar nachdrücklich – fast mit Gewalt: nicht viel und geschwind überfliegen sollten sie alles, was in ihre Finger gerät; das sogenannte diagonale Lesen mag Floskeln und Redundanz effektiver überschauen lassen und erste Information ermöglichen. Buchstabieren, Wort für Wort lesen soll der Primaner, damit er nicht „meint" (d. h. rät wie der Erstkläßler), sondern weiß, was er gelesen hat.

Der Flut der schnellen Wörter und dem Fließband der ununterbrochenen Druckzeilenfolgen entgeht nur, wer buchstabiert, was da steht: dies *nn* wäre ein solcher Buchstabe, wie ihn uns zu lesen die konkreten Poeten der Sechziger Jahre aufgeben (Aram Saroyen 1965/66 in An anthology of concrete poetry, New York, Frankfurt 1967): Der Block steht unverrückbar fest da, für unsere verderbten Augen ein dickes M – wie Macht, Mensch, Mumm! SS jagt uns Entsetzen ein, SOS verspricht Hilfe! Eugen Gomringer entlarvte 1968 nach einer Lesung die uninformierten studentischen Frager nach der „gesellschaftspolitischen Relevanz" seines Tuns: Wo denn Vietnam und sein Protest dagegen in seiner Dichtung bliebe? Nach eindringlicher Pause des Nachdenkens schrieb er langsam Buchstabe für Buchstabe die Folge V I E N A M mitten auf die Tafel und setzte mit den Worten „Ich bin mit dem T noch nicht fertig geworden" ein großes † zwischen die beiden geteilten Hälften des Wortes VIE†NAM, und damit erhob er gleichzeitig das Kreuz der französischen Mission wie des US-Kreuzzuges zum Symbol der Teilung dieses heimgesuchten Landes. Die Heimsuchung, das Kreuz des Landes, hält bis heute an –, der Buchstabe – so gesetzt – ist wahr geblieben.

Wenn die Konkrete Poesie auch nur zu spielen

scheint mit den Buchstaben, sie kann uns Schnell-
leser zurückführen auf den Buchstaben, das Zeichen:

Ernst Jandls Text

    lichtung

    manche meinen
    lechts und rinks
    kann man nicht velwechsern.
    werch ein illtum!

verlockt nicht nur, er erzwingt erhellendes Buchstabieren: es braucht eine Weile, bis die Konso-
nantenvertauschung mit ihren vielfältig überra-
schenden Assoziationsangeboten die „licht"-ma-
chende Überschrift richtig lesen läßt. R-ichtung
nämlich, Orientierung gibt es durchaus, sobald
man den Irrtum (das Ill-tum/Siechtum) bemerkt,
daß links und rechts zu verwechseln bereits im
Straßenverkehr lebensgefährlich sein kann, wieviel mehr in der Politik ... Ein Spiel nur? Eine notwendige Leseübung und eine ungemein hilflerei-
che in der Oberstufe, wo das Buchstabieren
wieder gelernt werden muß.

    Daß man jedes Gedicht so, auf diese Weise,
Wort für Wort liest, lernen die Kleinen gern und
die Großen aufs Neue. Sie finden die Buchstaben
als Stäbe (,,... manch gesichertes Bergtier wechselt
und weilt ..."), als Binnenassonanz (,,... daß keine
Hand die andre fand ..."), als Reimträger (nur

kraft des Reimes können Morgensterns Rehlein ihre Zehlein falten), als Namensträger (vom armen B. B.). Gedichte stehen nicht umsonst als schmale Verse gedruckt auf großen, weißen, rundum leeren Seiten, damit man diese Buchstaben von allen Seiten wahrnimmt, nicht wahr? Dem Heiligen Franziskus war jeder einzelne Buchstabe verehrungswürdig, ist doch das Wort Gottes in Buchstaben gesetzt! Der jüdische Vater zeigt dem dreijährigen Sohn liebend das Alphabet – gebacken als süße Brezeln, damit er „die Süßigkeit der Schrift verkoste" (F. Torberg, Süßkind von Trimberg): Jeder Konsonant ist der Rest einer Hieroglyphe – das Betha (β) das Haus (wie in Elisa-Beth), das Gamma, Gimmel, das Kamel (γ). Aus dem Alphabet, aus den Buchstaben kommen unsere Weisheiten und die unserer Väter von allem Anfang an. Charles Péguy kannte diesen Zusammenhang noch: „Ich lese seit meiner Großmutter, die Deutschen seit Luther, die Juden seit Moses."

„*Café zur Schule*"

Intimität und Konspiration

Die wahren Spiegel der Realität sind indirekt.
Die Oberstufen-Reform des Gymnasiums ent-
puppt sich im Vollzug. Ihre volle Fülle hat sich
beim Kaffeetrinken entwickelt.
Die erste Kaffeemaschine stand im Klassenraum
K 05, nicht eigentlich genau dort, nicht offen,
sondern im Hinterzimmer. So ungeniert gab man
sich 1975 noch nicht; die Reform war erst zwei
Jahre alt, übte sich unsicher in Integrationsversu-
chen nach „Auflösung des Klassenverbandes";
man trank den Kaffee noch heimlich, aber gern.
Der Kaffee in K05 war ein Geheimnis. Deswegen
schmeckte er so gut. Heiß, duftend, schwarz, ganz
anders als alles andere in der Schule. Intimität und
Konspiration machten die Griechisch-Klausur
zum Genuß – auch ohne Milch. Diese erste Kaffeemaschine wurde ein Tip. Die Schülermitvertre-
tung traf sich dort am Nachmittag, der Ausschuß
für die Vorbereitung der Studienfahrt. Der Kaffee
spült Vorbehalte fort, der heiße Kaffee Ängste
weg, der kaltgewordene hält die Gruppen zusammen.
Geheimnisse halten nicht, jedenfalls nicht lange.

Ich glaube, die Biologen waren die Nächsten. Biologen haben sowieso etwas Klandestines: sie wissen alles vom Menschen, also erkennen sie früher als andere das Menschen-Notwendige: die zweite Kaffeemaschine stand im Vorbereitungsraum der Biologie – ich glaube 1977 – diesmal schon direkt neben der Abwäsche. Der Leistungskurs Biologie profitierte von regelmäßiger Kaffeeanregung.

Ein Jahr danach war die Oberstufen-Reform besorgt, die differenzierte Oberstufe Faktum: im Jahrgang 12 (früher Unterprima) kannte man sich kaum, das System besser als die Lehrer. Man sah sich – allesamt – allenfalls dreimal im Jahr bei vorgeschriebenen Jahrgangsversammlungen zu Prozeduren: Nachwahlen, Kurseinteilungen in Ungeduld und mit Ellenbogen. Ansonsten differierte man in die Kurse, mancher Primaner in dreizehn verschiedene, Schlaumeier in allenfalls acht. Die kannten einander schnell und nicht gut. Man pflegte die zeitungseingeblasene blasierte Anonymität. Während der Springstunde saß man im Café, in einer Kantine, nicht in der Schule.

Aber beide Biologie-Leistungskurse hatten inzwischen ihre Kaffeemaschinen. Sie kannten einander gut „und rührten in ihren Tassen". Die Maschinen bewirkten Integration. Die sogenannte nullte Stunde begann mit Kaffee weniger stockend, die siebte nach langwierigem Vormittag weniger stumpf – nach Kaffee. Interkommunikation florierte, es entwickelte sich Motivation – vom Aufsetzen bis zum Tassenreinigen. – Darin zeigte sich der Wandel: die feste Kaffeegesellschaft (Leistungskurs Bio) konnte wegen des Dauerstammes der immer fünfzehn Gleichen auf die unfeinen Plastikbecher verzichten: man hatte seine eigenen Tassen im Schrank. Das brachte Ansehen – wegen des Unterschieds, „in-group-Gefühl" – wegen des Ritus, dementsprechend Selbstbewußtsein – wegen der Unabhängigkeit: Der Binnen-Service und die Sitten verfeinerten sich.

Das war der Anfang der wirklich differenzierten Oberstufe: Die Biologie-Leistungskurse konnten als erste die identischen Klausuraufgaben stellen und lösen.

Beispiele reißen hin. 1979 stehen Kaffeetassen offen da, Kaffeemaschinen überall, selbst im Lehrerzimmer zwei. Gewohnheiten und dementsprechend Ansprüche wachsen schnell. Es gibt Kaffee überall irgendwo im Hause – regelmäßig, kontinuierlich, fließend heiß. Unterbrechungen eines flüssigen Rhythmus entstehen allenfalls durch Klausurtermine. Geburtstage, auch erregtere Debatten können eine Extratasse erfordern – etwa bei Noten-Diskussionen. Inzwischen bekommt jeder seinen Kaffee und damit seine Integrationschance.

Ein Jahr später – so schnell geht das – ist der Kaffee in der Schule das unmißverständlichste Zeichen für die Funktiontüchtigkeit der Differenzierung, Zeugnis der Wohlbefindlichkeit in ihr, Beweis der Weisheit der Saarbrücker Rahmenvereinbarung und der sie nachkorrigierenden Ministerialerlasse: Es hat nur sieben Jahre gedauert, bis aus dem längst verwässerten humanistischen Gymnasium mit seinem Klassengeist die individual-geprägte Differenzierung der Sekundarstufe II geworden war – flüssig geworden durch Kaffee.

Man kennt sich, man kennt sich aus, man erkennt die Chancen und die Unterschiede: Der Grundkurs Biologie 1 kaffeearm, der GK Englisch 3 kaffee-besessen; bei XY gibt's keinen Kaffee, sie trinkt sowieso nur löslichen nach dem Dienst und versteht nur Funktionsgleichungen, nichts von kaffee-gelöstem Gemeinsinn. Im Grundkurs Sozialwissenschaft gibt es auch keinen Kaffee, da ist Integration Unterrichtsgegenstand.

Längst haben sich Sitten entwickelt. Wer Filterpapier vergaß, muß das nächste Mal aufschütten; Klausurdiskussion verschiebt man auf die Stunden mit Kaffee; Notenvergleich und Vergleich der Kaffee-Qualitäten balancieren einander; Kaffee in Leistungskursen ist wichtiger, denn hier werden 75% der Abitur-Durchschnittsnote gewonnen. Kuchen ist hinzugekommen. – 1983, das Additum Atzung – bei höherem Anlaß gourmandise Schleckerei, französisches Menu nach Abschluß des Kurses, englisches breakfast mit gebackenem Speck zum Geburtstag des Kursleiters Englisch 2, am längsten Tag, dienstags, ganz einfach Mett und Käse – ist Zeugnis etablierter Hausgeselligkeit. Die Umgangsformen wirken in den Unterricht nach. Anbieten, Danken, Weiterreichen, um Zucker

bitten, Bedauern wegen fehlender Milch, Löffel-
tausch, das Lob der Backkünste Anjas – derlei er-
zieht ungemein und läßt Krümel zurück. Der Ton
hat sich verfeinert, Kaffeetrinken hat das Niveau
gehoben – jedenfalls das der Kommunikation in
unserem Hause. (Man getraut sich kaum noch
von Schule zu sprechen).

Was einmal war am Beginn – verlorener Klas-
senverband, Konkurrenzneid, Einsamkeit und
Autoritätsgefälle, Leistungsstreß und Lehrerangst,
Leistungsgefälle zwischen Wahl- und Pflicht-
kurs –, ist aufgehoben in Kaffeeduft und Kuchen-
schmaus. Man lebt gesellig miteinander im Hause.
Unser Haus ähnelt dem Zuhause. Gut so! Gut so?

Dessous

Eine Zimmerlandschaft

Der schon gesetztere Besucher ist ziemlich amüsiert. Die Mutter ist verärgert, der Bruder sieht es nicht und der Vater schwankt: Darf er lächeln, muß er konsterniert weggucken? Niemand hebt das Höschen auf, als der Besucher den Flur betritt. Überall im Haus liegt ein Restchen der Tochter auf dem Boden. Sie ist ausgegangen und hat sich siebenmal umgezogen vorher, zwölfmal die Spiegel konsultiert – in ihrem Zimmer, an Mutters Schrank, im Flur. So steht ein Schuh auf einer Schwelle, hängt ein Blüschen auf dem Treppenpfosten, liegt eine Strumpfhose eingerollt in der Ecke und so auch das Höschen im Flur. Und erst das eigene Zimmer! Schrank- und Schubladeninhalte decken Boden, Sessel, Bett und offene Türen.

Ist es eine Regel, daß „Unordnung und frühes Leid" auch in dieser Hinsicht zusammengehören? Allabendlich, allmorgendlich bleibt der Rock gestaucht dort liegen, wo die Kind-Dame ihm entstieg, sind die Jeans einfach hingefallen, Dessous, Strümpfe, Tücher, Gürtel, Fön durchs Zimmer verteilt – eine duftige, wolkige Zimmerlandschaft, zurückgelassen nach dem Wirbelsturm des Anprobierens. Herausgekommen ist niemals anderes als der höchst informelle Zufallsanzug: Großmutters schwarze Seidenbluse hängt lang aus den roten Leinenhosen – charmant wie alles an einer Fünfzehnjährigen.

Wieviel ist diesem Ausgang voraufgegangen! Die Schein-Lässigkeit von Anzug, Aufzug und Auszug ist Resultat lang durchgehaltener Proben, so lang dauernd, daß schließlich keinerlei Zeit blieb zum Wegräumen?

Mitnichten! Ich meine, das alles ist ungeplanter Plan. Wie die nachlässigste Frisur Ergebnis kompliziertester Kunstfertigkeit, die lose Bluse gewählt zerknittert, der unfertige Knoten des Schultertuchs raffiniert eingeübt, genauso ist das Zimmer als Walstatt Zeugnis der Kunst des Protests! Unordnung macht das verschwiegene frühe Leid offenbar. Wie sonst nähme die Welt teil am Schmerz des Jungseins, wie anders ließe sich jedweder zwingen, über die Not der Jugend zu stolpern?

Das Chaos und der Spiegel gehören zusammen. Wie eh und je ist der Spiegel der Platz des quälenden Selbstgenusses und sind die überallhin ausgestreuten Wäschestücke Abbild des Ungenügens und des Wirrwarrs im Kopf.

Gewöhnlich gewinnt sich die junge Dame allein vor dem Spiegel; gelegentlich aber ist ein vorläufiges Testpublikum zugelassen: die Mutter, der Vater dürfen vorbehaltlich kommentieren. „Das kannst Du ruhig anziehen." – „Nein, so ist der Po nicht zu dick; Du siehst entzückend aus". Nur nicht zuviel der Anerkennung! Wenn man nur aus den Augenwinkeln lugt, den Kopf nicht aus der Zeitung hebt, die Blicke nicht vom Kochtopf wendet, kann man mitunter mit Vergnügen das Vergnügen am mißachteten Spiegelbild gewahr werden. Der vergewissernden Blicke auf die sich drehende Figur kann's nicht genug geben; faszinierend die variierende Wiederholung immer des gleichen Tournierens; viermal schon gelang der Blick über die Schulter zur Prüfung der Rückenlinie. Immer noch einmal, ein nächstes Mal – Kontrolle ist Wohlbehagen, auch wenn die selbstverächtliche Miene das Gegenteil sagt: „Bäh" fährt die ausgestreckte Zunge gegen das Spiegelbild, „ich bin häßlich!" und – in selbstverliebter Hast – ist die Kindfrau aus der Tür.

Deshalb liegt das Höschen im Flur. Jeder Probenauftritt endet unzufrieden. Jedes Umziehen muß unvollendbar abgebrochen werden. Nichts kann richtig sein. Der Ausgang ist eine Flucht.

Man lasse das Zimmer, man lasse den Schmerz, man lasse auch dem betretenen Besucher seinen amüsierten Blick – er freut sich, genauso wie die Tochter an sich selbst.

Donnerwetter

Es hat keiner mehr gestrickt

Ein Donnerwetter klärt.

Die Primaner standen vor der Tür zum Literaturkurs am Nachmittag. Ich sah den Hund nicht. Erst beim Eintritt in den Unterrichtsraum bemerkte ich die Absicht. Der Hund sollte mit. Das war Mode. Die Studenten taten es ja auch, nahmen selbst Riesendoggen in den Hörsaal. Wohin soll denn ein Hund am Nachmittag, er war ja vormittags ganz allein ...

Ich traf auf den Hund und brüllte:

„Raus!"

Es gab keine Diskussion. Der Hund zog mit seinem Herrn an der Leine ab. Es hatte durch sämtliche Hallen geschallt. Kollegin Frau Dr. Selma fragte nachher erschrocken und offensichtlich dankbar: „Das waren Sie doch nicht?", als wollte sie gestehen: Das hätte ich Ihnen nicht zugetraut.

Sie hatte unentwegtes Stricken während des Unterrichts zugelassen – eher übersehen –, und glaubte der unverfrorenen Ausrede: Stricken helfe der Konzentration. Sie konnte nicht stricken und ahnte also nicht, wie ungestört man durchs Stricken das Unterrichtsgeriesel über sich ergehen lassen kann, ohne doch nutzlos dazusitzen.

Ich hatte einmal beleidigt-laut gedonnert: „Weg damit!". Es hat niemand wieder gestrickt, auch wenn mein Unterricht gelangweilt haben mag. Man wußte, Stricken während meines Unterrichts beleidigt mich. Das Donnern klärte auf, in diesem Fall.

Elternsprechtag

... und kein Schüler weit und breit?

Die Lehrer reden und die Eltern hören – wo die Lehrer hören sollten und die Eltern reden, reden, reden. Die jeweils falsche Furcht kehrt alles ins Verkehrte.

Schon die Zeit davor ist verquer: die Note ist gesetzt; die „gefährdete Versetzung" aktenkundig; die Überflüssigkeit eines Besuchs bei sicherer Laufbahn offenkundig. Man ist nervös. Die Lehrer wollen's los sein, die Eltern wollen etwas los werden, die Betroffenen, die Schüler, sind gar nicht da. Wozu das Ganze?

Der Tag ist ein Alptraum. Die Warteschlangen auf den Fluren vor den in Wirklichkeit ja leeren Klassenräumen sind Symbol: man schlängelt sich von Hoffnungstür zu Hoffnungstür und kommt heraus „so klug als wie zuvor".

Eltern sitzen selbstberuhigt erregt vor jeder Tür, und hinter jeder Tür nur einer, selbsterregt beruhigt. Der hinter der Tür ängstigt sich vor Anwürfen oder Unterwürfen, beidem kann er nicht gewachsen sein. Die vor der Tür befürchten die volle Wahrheit („... in Wirklichkeit: sechs! Nur die großen Augen ließen mich ...") oder die Hilflosigkeit der dummen Autorität ("... darüber lasse ich nicht mit mir reden!").

Die draußen haben Listen in der Hand, manche vier davon, für jedes Kind eine. Wie lange wird's dauern? Die drinnen führen Listen: Wieviele werden kommen? Die draußen haken ab, die drinnen haken ein. Dem Vater ist die Mühsal der Vollständigkeit lästig ("zu jedem soll ich gehen ...?"); er wartet stattdessen der jungen Englischlehrerin auf, an ihr sein Gewicht zu proben. Die Mutter zeigt Ausschnitt und Ausdauer und sucht den Lateinlehrer auf. Dessen Liste wird die längste sein: weil er der schwerste Brocken, weil er die strengsten Noten gab? Weil er beeindruckbar war? Beeindruckend? Ein Charmeur? Er wird es nie wissen, denn des Mathematiklehrers Liste ist ebenso beeindruckend lang, nur ist er jünger und trocken. Die Religionslehrerin wartet vergebens, der Kunstlehrer zeigt seine Galerie. Zum Kaschieren und Befrieden der Eitelkeiten erbittet der Direktor auf ausgehängtem Blatt die Statistik. Sie sei ein Indiz für spätere Planung ...

Und es dauert so lange.

Die Lehrer erzählen, begründen, beschreiben, mutmaßen, raten – in diesem Sinne und in jenem. Die Mütter, die Väter sind höflich, warten ab. Sie verführen, warten ab. Sie sind dringlich und warten nicht ab und klopfen. Alles verkehrt.

Dabei wäre alles so einfach:

Der Lehrer läßt setzen, öffnet sein Notenbüchlein, öffnet die Zeugnis-Zensuren-Liste, öffnet das

Klassenbuch – und schweigt; schließt das Klassenbuch, die Zeugnisliste, sein Notizbuch – und schweigt. Das dauert zehn Minuten und den Eltern bleibt Zeit und genaues Maß, alles zu sagen.

Der Elternsprechtag sollte der Tag des beharrlich schweigenden Lehrers sein. Dann erführe er, welches Kind er am Morgen vor sich hat, wes Geistes Kind dies Kind ist, in welchen Nöten es steckt – und kann ganz ruhig antworten: Danke.

Wann sonst – wo, wie, woraus – erführe er, was er braucht, was allen hilft, dem Schüler, den Eltern, ihm selbst?

Und wie wohltuend wäre der hinzukommende Brauch, alle miteinander sprechen zu lassen, die Eltern, deren Kind, dessen Lehrer? Den Elternsprechtag zu nutzen zum Eltern-Lehrer-Schüler-Tag.

Feste

Feste Formen machen frei

Feste feiern" – das ist wie Regen, der regnet, wie Schnee, der schneit, wie eine Blüte, die blüht. Das eine ist das andere, im Begriff ist der Vollzug. Das wissen wir Weihnachten genau: Der Baum steht immer am gleichen Platz; die Tür zur Bescherung öffnet sich auf das immer gleiche Zeichen; die Lieder sind dieselben in jedem Jahr, selbst in der Reihenfolge. Bei den einen gibt's Karpfen zum Mahl, bei den anderen die Gans oder ein Kalbsragout. Die einen gehen zur Mette, die anderen zu Bette und am Morgen zum Hochamt. Alles hat seinen Platz und seinen Rang. Die Feier ist ein Ritual der Familie. Das kann in stillem Kampf gewonnen sein; aus der lametta-silbernen, edel-schlanken Tanne, die der junge Ehemann in Erinnerung an seine Familie mitgebracht hatte, mag der bunte, runde, apfelgeschmückte Weihnachtsbaum der mütterlichen Familie geworden sein. Haben die Kinder ihn einmal wahrgenommen, wird er derselbe bleiben. Wehe, wenn er einmal ein kleinerer sein soll, wenn etwa die Reihenfolge des gewohnten Schenkens unterbrochen würde, das Festmahl – nur so zur Abwechslung – ein anderes wäre. Jede

Veränderung wird wie ein Sakrileg beschwörend abgewehrt. Je strenger der Rahmen, umso fester steckt das Fest in Kopf und Herzen, umso größer die Vorfreude, umso liebevoller die Vorbereitung, festlicher die Laune, sicherer der Erinnerungsbesitz.

Das Ritual gibt Identität und Geborgenheit, auch wenn die Halbflüggen sich genieren, die Halberwachsenen Vorbehalte durchsetzen wollen, die Eltern schwanken, ob sie sich von den Kinderweihnachten lösen sollten. Zum Glück befreien die Enkel von der Entscheidung, bevor das Fest sich auflösen konnte. Und alle sind froh: daß keine Zugeständnisse gemacht wurden, daß ein Stück unbeobachteten Kinderglücks bestehen blieb („Weihnachten hat viel zu früh aufgehört für mich", beschwert sich die Jüngste Jahre später); alle sind dankbar, daß schon die Form, der Ritus von einer permanenten Diskussion befreite und somit die Peinlichkeit unentwegter Neuentwürfe überflüssig machte. Weihnachten merken wir es: Das Ritual gehört zur Feier.

Die Feste rhythmisieren das Jahr. Auf Weihnachten folgt Karneval – Ostern – der Ferienbeginn – Großmutters Sterbetag und wieviel mehr, je nach Familientradition. Dazwischen feiern wir die Geburtstage, die Namenstage, wieder Weihnachten. Stefan George hat diesen Festkreis des Jahres beschrieben, der selbst ein Ritus wird. Je dichter die Fest-Akzente, umso reicher das Jahr. Man sollte also einladen!

Zu einem Tanzfest hat es nie eine Absage gegeben. Es kommen immer mehr Gäste, als zu setzen sind. So sehr die Gäste wechseln, das Fest bleibt das gleiche. Das Geschwisterchen kann im Nachthemd auftauchen und neugierig sein, es wird für seine Zeit dazugehören; der Halbwüchsige wird ironisch lächelnd dazwischenfahren und einige Zeit drauf doch seine Freundin mitbringen. Er hat gelernt, wie's geht: Begrüßen – Anbieten – Unterhalten – zwischen den Gästen wandern – Auffordern, zum Tanz und zum Gespräch – Anbieten mit der Hand auf dem Rücken – zur Türe begleiten – der Abend war kurz. Es wird jedesmal das Gleiche sein. Es erleichtert sehr zu wissen, wie's gemacht wird, abzugucken, wie es die anderen machen, Unsicherheiten erst zu verstecken, dann zu verlieren und sich selbstverständlich in den festen Formen zu bewegen. Riten machen frei.

Und war die Wohnung noch so sehr auf den Kopf gestellt – zum Heiligen Abend, zum Tanzfest, zur Familienfeier –, am nächsten Morgen hat alles seinen alten Platz. Vater und Mutter hatten es dorthin gebracht, wo es immer war. Und das nächste Mal weiß man im Hause, wie es „zum Fest" aussieht.

Feste Formen setzen den Rahmen. Der Rahmen macht frei – die Eltern wie die Kinder. Und feste Feste helfen dazu.

Fragen

"Wieso, weshalb, warum?"

Muß man nicht fragen? Ist Fragen nicht die Wurzel aller Erkenntnis? – Was tut der Lehrer anderes als fragen – abfragen, nachfragen, sokratisch fragend das Nachdenken locken? Oder sollten eher die Kinder fragen – aus Neugier, Wißbegier, Wissensdrang? Sind das nicht alles Begriffe, die Untugend einschließen, zu meiden demgemäß?

Ernie aus der Sesamstraße singt:

> Wieso, weshalb, warum?
> Wer nicht fragt, bleibt dumm!

Der Aufkläricht verspricht Wahrheit. Kann er das einlösen? – Wer viel fragt, kriegt viel Antwort? Und Parzival, der tumbe Tor, hat sich das dumme Fragen abgewöhnt und schweigt beherrscht und beharrlich, selbst vor Amfortas. Gerade er versündigt sich, weil er nicht fragt, die Mitleidsfrage nicht stellt. Diese ganze verquere Sache kommt in der Schule zum Vorschein.

Bereits nach nicht gewußten Vokabeln zu fragen, kann unverschämt sein. Erst recht ist es eine Nachfrage wie: "Warum hast Du (wieder) nichts gelernt?" "Warum wissen Sie das denn nicht?" Auf derlei gibt es keine Antworten – genau so wenig wie auf die Fragen der Kinder: Wo ist der Liebe

Gott? Warum wachsen die Blumen? Sind die gestorbenen Schmetterlinge auch bei Oma auf dem Friedhof? Das sind Katechismusfragen. Die kann nur der liebe Gott oder die alleswissende Autorität beantworten und der Glaube annehmen.

Insofern wird sich der gewiefte Lehrer beim Fragen in acht nehmen, wenn er weiß, daß Fragen ein Privileg ist – das der Unschuldigen oder der Verhörenden. Wer fragt, will Antwort. Er hat die Vorhand; er ängstigt, erdrückt, blamiert. (Daran haben auch die zeitgenössischen, die emanzipatorischen, nämlich die umgangenen Fragen – Arbeitsanweisungen genannt – nichts geändert: „Vergleichen Sie die vorgelegten Statistiken und ziehen Sie Schlüsse ... Erkläre, bitte (!), den Unterschied ...".) Immer bleibt etwas vom lieben Gott, vom alles Wissenden, am Fragenden.

Deswegen sollte man vorsichtig sein beim Fragen in der Schule. Fragen können den Fragenden blamieren. Kleist hat das schon einmal verraten, als er „über die allmähliche Verfertigung der Gedanken beim Reden" meditierte: „... Vielleicht gibt es überhaupt keine schlechtere Gelegenheit, sich von einer vorteilhaften Seite zu zeigen, als grade ein öffentliches Examen? ... (der Examinatoren) eigener Verstand muß hier eine gefährliche Musterung passieren, und sie mögen oft ihrem Gott danken, wenn sie selbst aus dem Examen gehen können, ohne sich Blößen, schmachvoller vielleicht, als der, eben von der Universität kommende, Jüngling gegeben zu haben, den sie examinierten." Die „öffentliche Prüfung", das Abitur – mit Vorsitzendem, Beisitzendem, Fachprüfer, Protokollanten und Gästen ist sowieso schon eine kleine Inquisition – für die Examinatoren. Was kann da alles passieren! Da wollte ein Prüfender wissen, was denn die Bilderbogen-Technik Brecht'scher Dramen sei. Der Kandidat beschrieb es richtig, dem Prüfer fehlte der terminus technicus und er wollte helfen: „Nun sagen Sie 'mal, wie ist das denn im Kino, im Film?" Die Antwort kam prompt: „Wissen Sie das wirklich nicht?" – Ein andermal besteht ein anderer Examinator auf einem bestimmten Begriff; er fragt und fragt zunehmend suggestiver (denn er weiß ja, was er hören will), bis der Prüfling schließlich grinst und feststellt: „Da haben Sie aber eine sehr gute Frage gestellt . . .".

Das ist Souveränität: Jede Antwort wäre Eingeständnis von Dummheit gewesen. Auf wieviele Schul- (Lebens-)fragen gibt es nur tautologische Antworten, die man vermeidet, will man sich nicht lächerlich machen?!

Was würde in der Schule passieren, wenn alle Schüler so normal reagierten wie Moische, der auf die Frage, ob alle Juden jede Frage mit einer Gegenfrage beantworten, sagte: „Tun sie das denn?" – So mancher Sextaner ist längst so klug, auf die erzieherische Frage, wozu denn ein Lineal da sei, wenn er gerade mit ihm gespielt hatte, reagiert: „Ja, wissen Sie denn das nicht?" Das sollte man ermuntern. Auch Kinder dürfen wissen, was die Philosophen wissen: Daß die Antwort vor der Frage da ist.

Der Großvater

Und er fängt noch einmal an

Der Herr Professor hatte es seinen Kindern beizeiten klargemacht: der erwartete Enkel habe ihn zu gegebener Zeit „Großvater" zu nennen, beileibe nicht Opa; degoutant sei dergleichen, unter der Würde des Alters. – Monate später tritt das junge Elternpaar in das Zimmer, in dem der ungeduldige Großvater auf den Knieen vor dem Ställchen liegt und das Kleinerchen flehentlich bedrängt: „Sag mal: Opa! – O-pa!"

Großväter erkennt man daran, daß sie wie Verliebte schwärmen. Statt in nachdenklicher Runde Differenziertes zum Gespräch über Weltbewegendes beizutragen, erzählt der Großvater vom Enkel, von nichts anderem. Wie er schon „Banane" sagen könne (er imitiert dessen „nana"), sogar „Uhr" (denn es sagte der Enkel „Gak-Gak" und meinte die „Ticktack"); sein erstes Wort sei – wie Goethes letztes – „Licht" gewesen (dabei hatte der Enkel den eingeübten Blick zur angeknipsten Lampe mit irgendeinem Nachahmungslaut begleitet) … nichts als Wunder! Des Großvaters Euphorie verstört die Runde und langweilt sie, er merkt es nicht, er schwärmt und nimmt – wie jeder Ver-

47

liebte – in seiner Ahnungslosigkeit nur Bewunderung für seinen Enkel wahr.

Was reißt sie so hin, diese aller Hinreißungen längst entwöhnten älteren Herren? Wider besseres Wissen sind sie gerührt. Sobald sie die „Anfangsunschuld" des Enkels trifft, wissen sie nicht mehr, daß Unschuld höchst vergänglich ist. Sie haben ihren Zynismus vergessen, haben die Enttäuschungen wieder vor sich. Es ist, als ob die Welt noch einmal neu anfinge. Voller Vertrauen überlassen sie sich der Unmittelbarkeit des Kindes: – alles an ihm ist wahr, wahrhaftig, spontan. Jede Umarmung ist entweder Angst oder Spaß oder Vertrauen. Der Enkel lacht, weil er sich freut, er weint, wenn etwas ihn schmerzt. Das Kind kann nicht enttäuschen. Der Großvater vertraut dem Kind wie ein Kind. Deswegen kann er auf allen Vieren kriechen und „Tutu" sagen und macht sich dabei nicht lächerlich. An seiner Hingabe meinen die eigenen Kinder, die Eltern des Enkels, zu ermessen: „Ach, so hast Du mit uns gespielt?" – Aber das weiß er nicht mehr, und so war es auch nicht damals. Als er Vater geworden war, da hatte er noch so vieles vor, war er mit sich und seinem Lebensentwurf voll beschäftigt. Die Kinder gehörten nur dazu. Jetzt überfällt ihn ein ursprüngliches Vertrauen: So sollte die Welt sein. Er fängt noch einmal an, Geschichten zu erzählen von Odysseus und Don Quichote und Hans im Glück, von Hänsel und Gretel und von Jesus – und glaubt. Ein neues Weilchen wenigstens.

Haariges

Wunderschöne Provokationen

Kann das stimmen?

Im Moment scheint mit den Köpfen unserer Kinder alles in Ordnung zu sein? Die Köpfe sind gewaschen, die Haare sind gepflegt, die Frisuren adrett? Die Kämpfe um die „langen Loden" sind vergessen? Der Schock über den rasierten Kopf des jungen Mädchens überstanden? „Die Jugend" ist in Ordnung, weil *die* ihre Haare „in Ordnung" haben?

Täuschen wir uns nicht?

Der Vater – der an seine eigene Lockenpracht während der 68er Jahre denkt – starrt auf den vom Friseur kommenden Sprößling: diese knappe Bürste über hoch ausrasierten Ohrmuscheln: „Der kriegt es fertig und geht zur Bundeswehr?" durchzuckt es ihn vielleicht. – In der Gymnastikrunde tanzt dem jungen Ding mit dem Kraushaar eine blonde, glatte Strähne bis über die Nasenspitze hin und her, vor und zurück und verwirrt die tolerante Frau v. S.; die fällt mit ihren Fingern in die Frisur des Mädchens und fordert: „Nimm die Tolle weg! Schneid die Strähne ab! Ich will Dich sehen!" – Die Tochter steckt sich die schwärze-

sten Wimpern an, läßt die Fransen ihrer Stirn-
haare beide Augen verdecken und fühlt sich desto
sicherer hinter dem Haarvisier: „Raus!" schreit der
Vater, und die Mutter fleht: „Kämm Dich doch
mal richtig". – Noch der erwachsenen Tochter bedeutet die Mutter mit nachdrücklichem Blick und
nachdrücklicher Gebärde, sich die Haare aus dem
Gesicht zu nehmen. – Der Lehrer lächelt mokant
über den uniformen Haarschnitt, innerhalb einer
Woche über sämtliche Köpfe seiner Klasse geraten. – Der Hahnenkamm – die lila-glitzernde
Kunstfrisur – die Zierate-Schöpfe der Punk-Frisu-
ren – der unendliche Nacken, hoch bis in den
Scheitel des Mädchenkopfes eine elegante, kon-
kave Linie: immer wird es ärgern, wenn die Jungen mit ihren Haaren stolz auf ihre Jugend
hinweisen! Unbotmäßigkeit steht zuerst oben auf
dem Kopf. Der Unmut der Alten entzündet sich
meist dort. Die Sache mit den Haaren ist die haa-
rigste Sache von der Welt.

Als die Jungen die seidig-weichen Haare trugen,
täglich gewaschen und geföhnt, erinnert sich die
Elterngeneration nicht an Schiller und die Schil-
lerlocken; jeder dachte an das wütende Plato-Ver-
dikt über die langen Haare der verkommenen
Jugend (von dem vielleicht der Heilige Paulus ab-
schrieb? „Lehrt Euch nicht die Natur selbst, daß es
für den Mann eine Schande, für die Frau aber eine
Ehre ist, lange Haare zu tragen?" 1 Kor 11, 14 f).
Dabei vermeldet der Brockhaus von 1898: „Dagegen (= im Unterschied zu den Athenern) trugen

bei den Spartanern die Männer die Haare lang, die Knaben kurz". Lang oder kurz, gekräuselt oder strähnig, steif mit Gel oder weich gewellt – das Haar der Jugend ärgert. Auch die heutige Frisur – „hübsch und sauber" gehalten (wie lange mag sie gelten?) – ist vielleicht nichts als Protest gegen des Vaters Bart und Langhaar, gegen den Scheinjugendkopf der Mutter, gegen die Schein-Antibürgerlichkeit des alternativen Lehrers mit seinem unordentlichen Haar, gegen die gestriegelte Eleganz des Fernsehsprechers? Eines nur scheint gewiß und sicher: Jede Frisur der Jungen ist eine Provokation und so gemeint. Ist das nicht wunderschön?

Haß

„Egal, was Kinder lernen, Hauptsache, sie hassen es"

Aus der Eliteschule Eton ist der Satz verbürgt:

„Es ist egal, was Kinder lernen. Hauptsache, sie hassen es." Die englisch zugespitzte Pointe trifft den richtigen Zusammenhang zwischen Lernen und Widerwillen, Frustration und Kultur, Müssen und Können. Der Irrtum, ein Lustprinzip sei das wahre Lernprinzip, wird auch bei uns inzwischen öffentlich eingestanden. Der Lehrer ist kein Unterhalter, sondern ein Lehrmeister, der die Anstrengung zum Gewinn verlangt.

Im Alltag stellt sich das simpler dar:

„Ich hab keine Lust, in die Schule zu gehen!" Erstauntes Schulterzucken der Eltern. Die sanfte Mahnung – auch die entschiedene – versandet. „Weil ich keine Lust habe!" Schließlich gesteht man den Schwänztag zu. – Aber mit welchem Erfolg? Die Antwort kommt prompt: „Soll ich mich tot langweilen?! In der Schule ist wenigstens was los", und auf macht sich das Kind in die verhaßte Schule. Nicht, weil es dort nicht gezwungen würde zu lernen, sondern weil es sich gern der Forderung stellt; nicht weil es daheim langweilig und in der Schule lustig wäre, sondern weil das

Kind sich in der Schule bewähren kann. Die Befriedigung, Widerstände überwinden zu lernen, zieht in die Schule, weil sie selbständig macht. Der fordernde Lehrer ist der anerkannte, nicht der lasch Gewährende. Man „lieb-haßt" das Lernen und „haß-liebt" die Schule als den Platz der Erprobung.

Intimität

„Wir lieben uns. Das geht Sie gar nichts an!"

Mitten im Flaniergeplausche einer Ausstellungs-
eröffnung steht ein kleines Pärchen kußversun-
ken – unbemerkt? Die beiden Kinder nehmen von
der sie umspielenden Öffentlichkeit nichts wahr.
Mit geschlossenen Augen und eng gedrängten
Körpern wähnen sie sich in ihrer Intimität allein
in aller Öffentlichkeit. Dieselbe Bild gibt's
manchmal auf manchen Schulhöfen, auf dem
Bahnsteig, auf dem Markt und ist Ziel der lüster-
nen Erwartung derer rundum: Wie weit werden
sie's treiben?

Da ist Schutz vonnöten.

In allen öffentlichen Anlagen zu Zeiten der
amerikanischen Besatzung waren Schilder aufge-
steckt in dichter Folge: „No Public Display of Affection". Damals galt das Wort als Ordre, weniger
gegen Fraternisation als zum Schutz des Ansehens
der Besatzungsmacht. Heute sollte es überall laut
gesagt werden zum Schutz der Kinder, die ihre erste Liebe einer ganzen Welt trotzend zeigen wollen als den nur ihnen gehörenden, reinen,
unantastbaren Besitz: „Keine öffentliche Zur-
schaustellung von Zuneigung"! Nur diese um-

ständliche Genauigkeit der Übersetzung trifft die Schärfe der Warnungstafel. Sagen wir's ihnen nicht, so wissen sie nicht, wie sehr sie sich täuschen: Public display of affection ist Prostitution des geliebten Partners.

Doch täuschen auch wir uns nicht! Gleichgültig, ob wir es ihnen als ironischen Kommentar, durch autoritäres Trennen, im argumentierenden Gespräch sagen – die Reaktion wird harsch und verletzend sein: „Was wollen Sie? Wir lieben uns. Das geht Sie gar nichts an!"

Eben! Der heilige Trotz spuckt auf unsere Mahnung, als sei sie nichts als Sexualneid. Die Verletzung läßt verletzen. Der Schlag zurück wird böse sein. Wehe, wenn wir empört reagieren, weil die unabhängige Wut der gestörten Fünfzehnjährigen uns in Frage stellt.

Es geht uns sehr wohl etwas an, wenn Kinder ihre drängende Intimität uns aufdrängen, sie öffentlich machen, weil sie nicht wissen, was geschieht. Sagen muß es der Lehrer, die Mutter, der alte Freund der Familie: „No public display of affection – sonst läßt Du Deinen Partner mißbrauchen. Du verrätst Deine Zärtlichkeit an die Gier, die die umschielende Menge sich erstiert!"

Das so unmißverständlich zu sagen, braucht Mut. Wir Alten verzichten viel zu gern und leicht darauf zu wissen, wieviel wir den Jungen sagen müssen. Ganz Einfaches schon: Wer wem den Vortritt läßt, warum das Handgelenk auf der Tischkante liegt, warum man den Jungen dem Alten vorstellt, öffentliche Zärtlichkeit nur den alten Menschen auszeichnet ... Die Jeans haben Formen nicht überflüssig gemacht. Die Jugendbewegten haben schon immer Unabhängigkeit gemeint und Unsicherheit bewirkt. Wieviel überflüssige Unsicherheiten könnten wir Alten den jungen Menschen ersparen, besäßen wir nur den Mut zu raten und ihr Verlachen unseres Ratschlags als das zu verstehen, was es ist: ein Versteck der Ungelenken. Der Öffentlichkeit gegenüber ist Sicherheit notwendig. Initimität ist vor Öffentlichkeit zu schützen. Intimität zur Schau zu stellen, verdirbt beides, die Zärtlichkeit und den beabsichtigten Affront.

Kleiderkauf
Etwas Besonderes für den Abschlußball

Das Schwerste beim Kleiderkauf für junge Töchter ist nicht, wenn das Geld nicht reicht; am schwersten ist, wenn die Unsicherheit der Tochter die eigene Unsicherheit potenziert: Dann geht es nicht mehr um gediegen, adrett, preiswert. Was ist Klasse, Spitze, geil?

Allein die anspruchsvolle Geste, mit der die Dame Tochter durch die Reihen der Konfektionshänger greift und streift – „... kommt nicht in Frage ..." – und in fünf Boutiquen von einhundertvierzig Stück nicht eines angemessen findet, treibt den nervösen Begleitvater in Aggression und Schamröte. Dabei geht's bei jeans, pullis, nikis, Schals und Hängerchen unvorstellbar schnell. Aber bei Kleidern? Dann soll die Tochter endlich selbst entscheiden. So entsteht das Kleidergeld.

Als ob das hülfe! – Der Vater wird per Telephon zu Moden-City bestellt; er soll doch entscheiden helfen, versteht noch weniger und nickt zu jedem Vorschlag: „Ja, steht Dir gut ... könnte man tragen ... einmal ganz anders, wie?" Er merkt, nur einfach Ja zu sagen, läßt die Auswahl nicht schmelzen. Die zur Entscheidung stehende Kol-

lektion wird ein zweites Mal durchgegangen. Des Vaters Hilfe heischender Blick zur Directrice bringt nur das teuerste Stück – von dort empfohlen – in die Versenkung. So geht's also nicht; der Vater nickt weiter. Irgendwann – er weiß nicht wie – ist die Wahl getroffen. Er hatte wirklich nur dabeigestanden. Trotzdem heißt es nun herzlich-dankbar-erlöst: „Ohne Deinen Rat hätte ich nichts gefunden!" – Wie geht derlei zu? Dabei gewesen zu sein, war alles? Es muß etwas zu tun haben mit der Folie: vor mir als Hintergrund hatte sich das Richtige abgehoben. Dieser Gewinn war mir ohne mein Zutun geworden; ein anderer Gewinn floß mir zu: nie wäre ich sonst in diese Boutique mit diesem Charme und diesen diversen Einkleidungseinblicken geraten!

Die Überraschungen hören niemals auf. Zum Abschlußball soll es doch etwas Besonderes sein. Eine Fahrt in die Modehauptstadt („Das Kleid soll Dir doch nicht nachlaufen!") bringt tatsächlich etwas Besonderes. Am Ballabend sind wir sehr früh da. Die Tochter stürzt zurück an den Tisch: „Dasselbe Kleid! Erika hat dasselbe Kleid!" Der Vater erstarrt, die Mutter entdeckt das gleiche Kleid ein drittes Mal: Stirbt die Tochter jetzt? Die dreht sich um, auf dem Absatz – was kommt? Das selbstverständliche Selbstbewußtsein ihrer sechzehn Jahre blitzt aus ihren Ellenbogen. Fünf Stunden später tanzt sie immer noch und blitzt den Vater an: Pah! Ob die Folie auch hier nötig gewesen war?

Zur Hochzeit – so ist heut der Brauch – will der

Bräutigam keine Fremde neben sich haben. Er geht also allein mit zum Brautkleidkauf. Die Mutter sinkt in Meditation: Wo sind die Zeiten, als ER sie hatte nicht sehen dürfen bis zum Altar? Die Mutter wird doch geholt! Die Wahl ist so schwer. Als sie kommt, ist das Prunkstück an einer anderen Braut, steht der gut und wird schon abgesteckt. Was bleibt? Das gleiche Kleid wird noch einmal bestellt. Am Hochzeitstag stehen zwei Bräute in identischen Kleidern – aber vor verschiedenen Altären.

Kleiderkauf mit Töchtern ist wie Skatspiel: Keiner weiß, was im Stock ist!

Kleine Klassen – große Klassen

Der Schutz der Vielen

„Für unsere Kleinen ist uns keine Klasse zu groß"
forderte ironisch Klaus Staeck 1974 auf einem seiner – der Absicht nach provozierenden – Plakate:
je kleiner also die Klasse, umso angenehmer und
vielversprechender sei das sonst so repressive Leben in der Schule, verhieß das Plakätchen auch
auf Postkarten.

Man stelle sich nur einmal vor (ohne gleich ans
Bezahlen zu denken): die lieben kleinen fünfzehn
Kinder in einer Sexta (oder auch zwölf in einer
Klasse, acht gar) – das wäre die ideale „Gruppe".
Leise geht's da zu, jeder kommt zu Wort, zu Anse-
hen und seinem Recht; „Autorität" bedarf es kei-
ner, die Kinder wären unter sich, lächelten und
lernten von selbst. Der Lehrer brauchte sie nicht
zu unterbrechen wie sonst, Kreativität strömte
frei. Sie säßen im Kreise und nicht auf Vorder-
mann gebracht, sie rundeten das Gespräch um
Vierertische und holten sich den nächsten Stoß
Lateinvokabeln aus dem Schrank – ganz so wie bei
Fräulein Montessori das nächste Stück Einsicht –
und verstünden die Schnittmenge auf Anhieb.
Wäre das eine Idylle?

Kein Überschreien jedes anderen, keine Ellenbogen nach dem Pausenschrillzeichen, keine Hierarchie der Wortstarken über den Einschmeichlern, dieser über den Vorsichtigen, dieser über den Stillen und aller über den zwei Dummen. Keine Hühnerleiterkämpfe, keine Platzhirschkriege um Gitta, um die Einladung zum reichsten Björn, kein kicherndes Gerangel um den Bestangezogenen, kein Eitelkeitsspiel um den beliebtesten Lehrer. – Und dieser stets ausgeglichen, Geduld in Person. – Alle Väter und Mütter wären unverstört und unverstellt, ihrem Kinde mangelte kein Platz: Für unsere Kleinen ist keine Klasse zu klein?

Wären da fünfundzwanzig in der Sexta, gar sechsundzwanzig in der Quinta, würden die – außer zu schreien und zu stoßen, zu hacken und zu stören, zu sticheln und zu zergen – nicht doch womöglich dem einen oder anderen in dieser Menge eine Chance lassen – zum Dösen zum Beispiel?

Für dieses Bild der Fünfundzwanzig in der Klasse braucht man keine Phantasie, nichts als Beobachtung: der eine, der nichts gelernt hat, bleibt verborgen unter den schnalzenden Fingern der vielen; der Schüchterne muß sich nicht schämen, wenn er nichts sagt; der Überflieger langweilt sich, während das reziproke Multiplizieren zum dritten Mal erklärt werden muß, und frönt versunken der Arbeit an der Schulbank; der Faule, der Uninteressierte mustert die Umwelt und wundert sich: Veronika hat Blickkontakt zum Neuen; der mit der Hasenscharte muß nicht laut antworten und übt in seinem Heft; der bullige Schläger muß seinen Ärger nicht zeigen, wenn sein Herausforderer schneller versteht als er?

Natürlich geht es laut her, muß einer gelegentlich brüllen. Das wird das Gros für Momente aus dem produktiven Schulschlaf schrecken, aber am Ganzen ändert das nichts: das Pensum setzt sich langsam bei allen, bei jedem auf seine Weise.

Produktiver Schulschlaf – Grundbedingung erträglichen Unterrichts – rettet vor vielem: vor dem Dauergequassel des intellektualisierenden Deutschlehrers, vor dem Bildungsschauer des frustrierten Lateinlehrers, vor dem politisierenden Historiker, vor der Langeweile des unzulänglichen Biologielehrers und erst recht vor der unangenehmen Streberei rundum. Der Kluge denkt an sein nächstes Computerprogramm, während bei den anderen der Dreisatz noch nicht sitzt; der Empfindliche entzieht sich ins Tagträumen und vergißt die Beleidigungen aus der Pause; der Langsame wartet einfach auf die nächste Stunde, für die er besser präpariert ist; der kleine Künstler sieht den Wolken zu und der kleine Biologe wartet gespannt, was die zwei Fliegen machen werden, die er auf seiner Bank nicht aus dem Blick läßt.

In einer Unterrichtsstunde passiert so ungeheuer viel neben dem Unterricht. Wer wollte sagen, was das Wichtigste ist in der einen Stunde?

Die kleine Klasse – vielleicht nicht im ersten Grundschuljahr, nicht in den Kursen der Oberstufe, gewiß aber dazwischen – kann eine Tortur sein! Es gäbe keine Minute Unaufmerksamkeit, jeder wäre jeden Augenblick – Augen-Blick – gelockt, befragt, gefördert, gleich: gefordert. Es gäbe keinen Vordermann, dessen Rücken schützte. Die ganze kleine Gruppe bestünde aus einzelnen Besonderen – entblößt des Schutzes der Vielen, preisgegeben dem wie oft unerwünschten freundlichsten Verständnis des Lehrers – gerade darob ein fragiles Balancegefüge. Der Lehrer säße zwischen rohen Eiern. Es kennte jeder jedes empfindliche Stelle. Wer wollte dem einen Rowdy unter Zwölfen die Tyrannis nehmen, wer unter Zwölfen den bedächtigen Dicken vor Spott bewahren? Wer unter Zehn den Klugen vor Hybris behüten?

Und wer neutralisierte den Lehrer?

Für unsere Kleinen nichts als das Beste – die Fünfundzwanzig und einen Lehrer, der zu tun hat damit, sie alle in Balance zu halten und von Zeit zu Zeit bei der Stange!

Lehrers Publikum

Locken, loben, lächeln

Worum sich andere Leute – Redner, Pantomimen, Politiker, Schauspieler und Multimedia-Versierte – angestrengt erst kümmern müssen, das haben wir Lehrer umsonst: Publikum!

Allmorgendlich erwartet es uns zu unserer Sach- und Selbstdarstellung im Klassenraum. Echo, Reaktion, Antwort zu erzielen, ist unser tägliches Pensum und unser stündliches Vergnügen, unser Beruf. Wir werden bezahlt für etwas, das uns gut tut. Deswegen sind wir alles auf einmal – Schauspieler, Oratoren, Pantomimen, Handhaber von Tageslichtschreiber, Folien, Kassettenrecorder, Videogeräten, Zeigestöcken. Unser Publikum ist immer für uns da.

Warum kommt das so selten in den Blick?

Die meisten sehen es anders: Der Katalog der griesgrämigen Klager über den Lehrerberuf ist alt und lang: Der Lehrer gehöre nach wie vor zum Gesinde, wird ausgehalten von den Feudalen, den Pfründenbesitzern; er sei der Unentschlossene, der sich nicht getraue, aus dem Kreislauf „Erstes Schuljahr – Sexta – Prima – Abitur – Zweites Se-

mester – Staatsexamen – Sexta – Abitur ..." aus-
zusteigen; er sei der prinzipiell Gescheiterte, der
„eigentlich" Dramaturg, Redakteur, Professor, In-
tendant geworden wäre, hätten nicht leidige Miß-
lichkeiten ihn aufgehalten, gehindert; er sei der
enttäuschte Schein-Mächtige, der doch nie teil-
habe an den tatsächlichen Entscheidungsprozes-
sen der Öffentlichkeit und deswegen seine Quasi-
Macht auslasse an den Kleinen; er sei der
belächelte Aufsteiger, der Ideologieanfällige, einer
von denen, die Parlamente überschwemmen ...
Dieser mürrische Blick ist ein anderer als der des
Neiders, der seinen Arbeitstag nicht wie der Lehrer variabel dehnen kann: nachmittags schwim-
men gehen und nachts korrigieren, Wochenende
an Vorbereitungen wenden, um die Wochentage
über nur am Vormittag in Fron zu stehen. Es ist
der Blick von außen, der den blitzenden, glitzern-
den, vergnüglichen Spielkrieg zwischen dem Lehrer und seinem Publikum nicht wahrnehmen
kann.

Luther wußte das besser: „... eine der höchsten
Tugenden auf Erden, fremden Leuten ihre Kinder
treulich erziehen ...!"

Das „fremder Leute Kind" in eine Gruppe zu ge-
leiten; es in seiner Klasse seinen immer neu ge-
fährdeten Platz finden und verteidigen zu lassen;
ihm zu helfen, sein Eigensein anzunehmen und es
dabei Vokabeln und Verstehen zu lehren, das ist
„treulich erziehen". Dabei passiert soviel: Rück-
sichten und Grobheiten, Versagen und Vermö-

gen, Gemeinsamkeit und Einsamkeit, erste (viele) Lieben und erste (viele) Untreuen, Langeweile und Ausgelassenheit, kurz – was man Leben heißt, lernt jedes Kind in der Schule, lernt es wahrlich unter Tränen und Jauchzen und mit Narben: Und der Lehrer ist immer dabei, sein Glück!

Warum also hat es der Lehrer so gut mit seinem Publikum? Weil niemand gleich ihm – unbändiger Vielfalt und Kraft ausgesetzt – soviel an Spontaneität einsetzen muß, um zugleich bestehen und lehren zu können. „Teaching is a subversive activity" sagt Neil Postman: Lehren ist Verführen: lockend, lobend, lächelnd heiter und voll guter Laune und doch präzise und unnachgiebig bleibt der Lehrer dabei, seinen „Stoff" einer brodelnden Klasse zu implantieren. Und freut sich am Aufwachsen seines Publikums.

Diese Klasse ist das aufregendste Publikum, das es geben kann. Schüler sind ständig andere, immer überraschend:

Charme und Pickel, Aufmerksamkeit und Desinteresse, Klugheit und Dummheit, staunende Augen und verschlossene Ohren, quirliger Firlefanz und tiefster Ernst – ein Wechselbad. Wie soll der Lehrer mitten darin nicht kräftig schwimmend Kraft gewinnen? Er muß ja unentwegt wach sein.

Am meisten lernen demnach die Lehrer in der Schule.

Sie unterrichten jahrelang dieselben Sachen und reagieren ohne Pause, diese selben Sachen wendend, wandelnd, verändernd, aspektereicher aufbereitend, damit sie die Schüler immer neu für sie gewinnen. In dem einen Jahrgang kam Kleists Marionettentheater gut an, im anderen antwortet demselben erwartungsvoll vorgetragenen Gegenstand Gähnen; die eine Klasse biß sich in Enzymanalysen fest, den anderen Kurs ließ Darwin nicht los; die einen wissen Lernen durch Diskutieren zu umgehen, die anderen diskutieren, damit sie schneller erkennen; die Mädchen ahnen früher als die Knaben (bis in die Sekunda), die Jungen fragen genauer und konsequenter in der Prima, bis der Lehrer im Jahr darauf dasselbe umgekehrt erfährt; nach drei Jahren Klassenleitung von der fünften bis zur siebten Klasse wechselt der Lehrer in eine neue Sexta und kennt sich nicht mehr aus – eine völlig veränderte Generation. Dieses Wechselbad hält frisch.

Die Unbefangenheit von Kindern läßt keinen Lehrer je sicher sein vor Überrumpelungen. Nicht daß er dauernd in Fallen tapste; die berüchtigte Reißzwecke und andere Zergereien kennt er. Der nicht geplante Einfall reißt ihm seinen „Erwartungshorizont" täglich neu auf. „Ich hoffe, ich störe", so unterbricht nach höflichem Klopfen ein Kleiner den Unterricht – und erreicht mit seiner beabsichtigten Frechheit unabsichtlich das Richtige. – Der Mathematiklehrer hat vierunddreißig Minuten lang und angespannt den einen schwierigen Beweis, den er nur der besten Prima anzubieten wagt, mit gelungenem Tafelbild und überzeugend vorgestellt und blickt in die staunende Runde: Na, wie hab ich das gemacht?! Es meldet sich einer, nicht einmal das As, und meint, dasselbe gehe schneller, löst auf den verbliebenen zwanzig Tafelzentimetern die Gleichung in den verbliebenen zwei Minuten eleganter. Blamage? Erfolg? Die Klasse hat gedacht, mitgedacht. Die Reaktionen des Publikums sind ein Gesundbrunnen; deswegen ist der Lehrer unverdrossen immer mitten drin.

Es sei zugegeben: manche Lehrer merken nichts von ihrem Glück.

Die meisten aber wissen: nicht der Lehrplan, die Lehrbücher, der Stoff sind das Erhebende für ihn, sondern alles andere rundum – die Schule und ihr aufregendes Publikum.

Lesen lernen

„Knabenmorgenblütenträume"

Bei Gedichten mag das angehen – Wort für Wort lesen. Aber dicke, richtige Bücher, viele Seiten lang analysierend, beschreibend lesen? Vokabeln, die Satzstellung, elliptische Dialoge untersuchen, dabei Zitate entdecken, die Satzmelodie einer halben Seite erspüren, Anfang und Ende einer Geschichte vergleichen, Gliederungen rekonstruieren? Wer könnte das von allein, täte es gern, hätte man es nicht gelernt. „Interpretation" – ein Drohwort fast in jeder Klasse: wieder diese hartnäckige Suche nach der falschen Antwort auf die falsche Frage: „Was hat der Dichter eigentlich sagen wollen?!" Dabei hat er doch nichts anderes gesagt, als was da steht. Gerade dies Wort-für-Wort-Wahrnehmen des Geschriebenen kann nur die Schule lehren, weil sie Zeit dazu hat, weil sie sich Zeit nehmen muß, bis der Schüler – insgeheim? – die versteckten Hinweise der Sprache bemerkt – und schließlich sich erkennt in manchem Satz, den er gerne selbst gedacht hätte; bis er Wirklichkeiten, die er zu durchschauen meinte, als ganz andere und zugleich als alt-neue Wahrheit wiedersieht.

Dabei hilft, daß man in der Schule „Sprachen

lernt" (möglichst viele, mindestens drei). Wer Sprachen lernt, lernt vergleichen und unterscheiden. Schon als man „bötterflai" las und so gut wie nie Französisch auf der Straße sprechen hörte und nichts anderes tat als Übersetzen, lernte man in der Schule, was man heute lernt: sich einzulassen in den langwierigen Prozeß einer Aktualisierung der schriftlichen Reflexion aller Jahrhunderte, sich immer neu der Klassiker der conditio humana zu vergewissern: Literaturen zu lesen. Im Grunde lernt der Schüler, was mich mein Lehrer Rudolf Sühnel lehrte: „Das Kind liest, um leben zu lernen, der Erwachsene, weil er sich aufs Sterben vorbereitet". Daher rührt die Faszination des Lesens. Man muß es mühsam einüben.

Eine Fundgrube ist das Lexikon: dort findet man den citoyen statt des Bürgers, saudades statt Heimweh, fair play statt Anständigkeit und umgekehrt anstelle von gesundem Volksempfinden popular instincts, von Heiterkeit sérénité, von Muße leisure und so kaum zählbar viele neue Blicke auf die Welt.

Eine zweite Fundstelle vermittelt das Suchen beim Übersetzen.

> Über allen Gipfeln ist Ruh
> in allen Wipfeln spürest Du
> kaum einen Hauch ...
>
> O'er all the hilltops is rest
> in all the treetops you sense
> scarcely a breath ...?

Ist es das? Weder granitene Gipfel noch sich wölbende Baumwipfel sieht man in den Hügelkuppen und Baumspitzen Englands. Mehr von dem stillerwerdenden Lebensodem am Abend erfährt der Lesende, wenn er liest:

> Now comes to the hilltops
> repose
> in all the hilltops
> scarcely blows
> breath of a wind ...

Lesen kann auch (anstrengender) Weltgewinn sein: Schwer fällt es dem Sechzehnjährigen während der Lektüre des „Fänger im Roggen" die eigenen ersten Einsamkeiten von Liebe, Verstoßensein und Verführtwerden wiederzufinden, kaum daß er sie überstanden zu haben glaubt. Schwieriger wird es, wenn ein Achtzehnjähriger im ‚Misanthrope' hinter der Ironie der Komödie das volle Gewicht der schwarzen Schwermut und das leichtfertige Mißtrauen erahnen muß, die ihm bei aller jugendlichen Weltschmerzneigung noch fremd sind; fast verletzend bricht Lesen in das offene Vertrauen der jungen Jahre, wenn die Gewalt des unaufhaltsamen Bösen des ‚Macbeth' anerkannt werden muß und gleichzeitig die Verzweiflung des Betrogenen: „Life is but a shadow ... a tale told by an idiot ... signifying nothing." Das glaubt kein junger Mensch, lesend kann er es lernen.

Wo sonst als in der Literatur ist die Vieldeutigkeit der Wahrheit so eindeutig, wo sonst die Eindringlichkeit von Wörtern so unausweichlich: „Knabenmorgenblütenträume" donnert Goethes Prometheus dem schweigenden Zeus entgegen; die Hyperbel wäre jedem Jugendlichen unerträglich (gerade bei der hyperbolischen stakkato-Redeweise heutiger Primaner). Aber er kann das Wort nicht verlegen überlesen, er spürt, knapper kann die Sehnsuchtsvergeblichkeit des jungen Menschen nicht gesagt werden. Litotes und Hyperbel – die Untertreibung und die Übertreibung – zeigen sich dem jungen Lesenden als Kunststücke der Rede, über die er gerne selbst verfügte.

Schließlich ist Lesen Selbstgewinn. Soll man diese Selbstverständlichkeit andauernd wiederholen: „Lesen heißt borgen; daraus erfinden, abtragen" (Lichtenberg). „Auch die gelesene Wahrheit muß man hinterher erst selbst finden" (Jean Paul) und so weiter, bis heute? Erste Voraussetzung verstehenden Lesens ist die Identifikation. In dringlicher Wiederholung nur wird der das Leben sich Erlesende sich die Klassiker zu den seinen machen. Erst wenn ein Kurs, eine Klasse nach der Lektüre von Brechts ‚Maßnahme' marxistisch „fühlt" und weiß, daß die Partei immer recht hat, weil ein einzelner niemals recht haben kann, hat er dies Stück gelesen. Wenn nach der Erarbeitung von Calderons ‚Welttheater' der Primaner nicht „katholisch" zuzubilligen bereit ist, daß Freiheit allein im Annehmen der zugemessenen Rolle besteht; wenn ihn nach den ‚Buddenbrooks' nicht

Angst beschleicht vor der eigenen Dekadenz, dann hat er diese Bücher nicht gelesen, nicht buchstabiert, wird er den Klassikern nie begegnen als den Erfindern des Menschenmöglichen – Antigone, Werther, Bieberkopf, Josef K. oder Madame Bovary –, wird er nicht bemerken, wie sie uns Üblichen, uns Mittelmäßigen die Entschuldigung für unsere Mittelmäßigkeit erteilen, weil sie statt unserer leiden. Im Buchstabieren der Klassiker bis zu den zeitgenössischen Schriftstellern werden wir der Unerträglichkeit unserer gegenwärtigen Wirklichkeit ausgesetzt und träumen den Traum vom Leben, weil wir lernen, daß das Leben ein Traum ist. Dem anfangs Fremden mich zustimmend zuzuwenden, mich einlassend mit dem bislang Ungeahnten, gibt mir die „Lektüre" auf. Wer sich nicht einläßt mit bislang Ungeahntem, lernt es nicht, sich der Vielfalt der Wahrheit zu stellen. Der hat sich nur mit der bequemen eigenen Meinung beschäftigt, sich den Gängigkeiten angepaßt.

Dann endlich dies: Wer Literaturen zu lesen lernt, nimmt Abstand. Er übt den Überblick. Das hatte schon der Tertianer einmal gelernt: „Bevor Du zu übersetzen anfängst, überblicke erst einmal den ganzen Satz!" Analogien gibt es viele.

Ich habe mit meinen Schülern zusammen das Lesen gelernt ...

Märchen für die Großen

Vom Klapperstorch und seinem langen Schnabel

Den Kleinen sind die Märchen untergegangen: Die Sesamstraße und ET (i:ti:), Phantasialand und Momo, Fernsehen, Kino und Schaufensteralleen füllen die Stunden und die Träume. Und was sie alles wissen, besser wissen: Magalhaes (beileibe nicht Magellan) aus den Quartettkarten, Spekulationsregeln aus monopoly, der Zehnjährige liest MP und der fünfjährige Enkel sein „Erstes Buch vom Körper". Auf die Frage, ob man Wolken beobachtet habe, sprudelt die Antwort aus Fünftkläßler-Lexikon-Mund: „Na klar: die Stratuskumulus sind tiefe Wolken, 2 500 m hoch, aus flachen Schichten und Bänken ...".

Was soll die Großmutter da erzählen, etwa Märchen ... Es war einmal ein kleines Mädchen im Wald und da kam ...?

Aber – dies „und da" kann den Primaner nachdenklich machen. Aus dem Physikunterricht beginnt er zu verstehen, daß Licht Korpuskel und Welle sein kann, je nachdem; aus dem Biologieunterricht bleibt ihm die Frage, warum die Evolutionstheorie nicht zu entscheiden weiß, ob Woher oder Wozu die richtige Frage ist. Der strenge Absolutheitsanspruch des Kindes hat zu bröckeln begonnen. Nichts ist schwarz oder weiß, gut oder böse, richtig oder falsch, sondern irgendwo dazwischen ... Der Oberprimaner beginnt wirklich zu lesen.

Hört er, die schönste Aufklärungsgeschichte sei das Märchen vom Klapperstorch, schwindet ihm das herablassende Lächeln, sobald man ihn das Bild zu sehen lehrt: den langen Penis-Schnabel, der aus dem fruchtbaren Wasser des Teiches das eine, das winzige Ei-Zellchen findet ... Kaum bedarf es der Ausmalung und der Primaner ahnt, warum Märchenwahrheiten stimmen.

Dann kümmern sich Primaner nicht um die Frage, ob Märchen tiefenpsychologisch, soziologisch, volkskundlich oder noch anders zu lesen seien. Sie glauben bereitwillig, daß die wichtigste Vokabel des Märchens das „und" ist, die adversative Konjunktion, die Unerklärliches zu verbinden versteht und als Unvereinbares nebeneinander bestehen läßt. Was bliebe vom Märchen, erzählte es: „... Weil Rotkäppchen in den tiefen Wald trat, wodurch es vom Wege abirrte, konnte der Wolf das Mädchen anhalten, um verführerisch zu fragen, wohin des Weges ...?"

Rotkäppchen ging in den Wald und pflückte Blumen und kam vom Wege ab und da kam der Wolf ...! So wie Schneewittchen im Sarge über die Sieben Berge getragen und abgestellt wurde und da kam der Prinz; und Dornröschen schlief hinter der hundertjährigen Hecke und da kam auch der Prinz ... Niemand weiß wann, warum, wozu, woher. Der Prinz kam und weckte. Das ist das „Und" von Schwarz und Weiß, Gut und Böse, von „Leben und Tod", von „Oben und Unten" und von den vielen anderen Unauflösbarkeiten der Welt. Die Weils und Als und Währenddessen, die Sodaß, Infolgedessen und Inzwischen erweisen sich als das, was sie tatsächlich sind – scheinbare, nur anscheinend auflösende und klärende Konjunktionen, ein Als-ob. Das Märchen akzeptiert sie nicht. Das Märchen läßt die Unerklärbarkeit der Welt bestehen, sagt „und" zu Aschenputtel und dem Königssohn und zeigt dem Primaner die Welt, wie sie ist. Es erzählt sie ihm ergreifend und verrät ihm doch die Angst und die Freude, die Wahrheit der Welt. Die Mythen wirken.

Er versteht, warum der Arzt auch heute „dreimal drei Tropfen täglich" verschreibt oder „sieben Tage" Bettruhe, und warum er oben auf sein Rezept nach wie vor das Zeichen des Jupiter setzt und vorgibt, es heiße nichts als rp – recipe. Er lächelt nicht über Aschenputtel, das sein Sprüchlein sagt von den Guten ins Töpfchen, den Schlechten ins Kröpfchen: „Da kamen zum Küchenfenster die weißen Täubchen herein *und* danach die Turteltäubchen *und* endlich schwirrten und schwärmten alle Vögel unter dem Himmel herein *und* fingen an pick pick pick …"

So klar ist das, was in der Welt geschieht. Niemand tut so, als wisse er warum. Und da sie nicht gestorben sind, die Märchen, leben sie noch in der Oberprima – wegen ihres „und".

Nicht alles erklären

Der Kleine stopft die Ohren zu

Der fünfjährige Enkel stampft auf. Er widerspricht und widersteht der geduldigen Einrede: „Ich will nicht immer alles erklärt haben. Ich will selbst..." – entscheiden, überlegen, tun, selbständig sein. Das ist der herausfordernde Widerspruch. Er kommt früh.

Da hat man endlich sich angewöhnt, nicht autoritär anzuordnen. Verständnisvolle Sachdarlegung lädt zur Einsicht ein. Der Vater vermeidet den Befehl. Er sagt nicht: „Das wird so gemacht... Das verstehst Du nicht... Das darfst Du nicht!" Er zeigt die Umstände, Bedingungen, Abhängigkeiten (Er sagt: „Wenn Du auf diese Kante steigst, kannst Du fallen, wie Dein Freund Gerhard"... „Wir können nicht zusammen spielen; jeder von uns muß erst seine Aufgabe erledigen"... „Laß Dir erklären...". – „Ich will aber nicht immer alles erklärt haben!", sagt der Fünfjährige, hält sich die Ohren zu und setzt hinzu: „Du hast mir immerzu schon alles erklärt!"

Das ist Protest – gegen die leidige Erfahrung, daß „immer alles" zu erklären geht. Protest für die Änderung, den Entwurf, die Probe, das Risiko, die Freiheit.

„Ich will nicht wissen, ob's weh tut, ich will schmeißen!". Die Warnungen rauben die Unbefangenheit; die aufhaltenden Erklärungen unterlaufen Lust und Wut; das riskante Spiel wird vermiest: Warum werden Fensterscheiben klirrend eingeschlagen? Krach macht Spaß, Weinen tut gut, Zorn will schreien. Erklärungen muß man aushalten.

Erklärungen halten nur auf.

Dieser Anschein, man werde ernst genommen, man werde als einsichtig angesprochen, stört. Des Vaters Darlegungen, des Großvaters begütigende Reaktion –, der Mutter beherrschte Infragestellung des zum zehnten Mal wiederholten unsinnigen Wunsches, all diese „Erklärungen" sind Umwege, und das weiß das Kind, weiß der Heranwachsende: Damit wollen die „Erwachsenen" alle nur recht behalten. Das Kind – längst klug geworden – lehnt den Kommentar lieber gleich ab. Es ahnt: Schließlich wird der Befehl kommen: Du sollst nicht! Den Versuch der Eltern, Verständnis zu erreichen, hat der Fünfjährige längst durchschaut: „Ich will selbst ... entscheiden, bestimmen, tun, was ich will". Ich will – Lust haben, Wut zeigen, Widerspruch herauslocken. Das Kind will immerzu und so vieles und kann und soll so wenig tun.

In dieser „störrischen" Reaktion auf die wohlmeinende Aufklärung steckt das Beleidigtsein des Frustrierten. Wo auf nicht zu bändigende Ungebärdigkeit, auf wütende Widerspenstigkeit, auf weinerliche Eitelkeit, auf eitle Selbstbezogenheit des Heranwachsenden nichts als immer gleiches Gleichmaß antwortet („Sieh mal, versteh' doch ..."), da wächst der Stau nicht freigelassener Energien und bricht der Damm: „Ich will aber nicht immer alles erklärt haben ...". Gleichzeitig macht die Dauerdiskussion nervös. Die Anstrengungen, ständig verstehen zu sollen, verwirren die Jungen. Die Unsicherheiten übervorsichtiger Erzieher übertragen sich. Mit Zäunen wäre beiden Seiten besser geholfen. Eindeutige Grenzen, klare Neins, unmißverständliche Jas („um halb sieben wird gegessen") erleichtern den so schwierigen „Selbstfindungsprozeß" – weil sie die Wut auf klare Ziele lokalisieren, weil sie den Raum für „Selbstfindung" abstecken. Im festen Terrain verpuffen keine Energien, vergeudet sich nicht die Kraft im ziellosen Grenzen-Suchen. Es ist wie mit der Kunst überhaupt: Regellosigkeit gehört nicht zu deren Voraussetzungen.

Vor einer halben Generation gab Magda Szabó ihrem Roman über den Generationenkonflikt den Titel „1. Moses 22" – das ist die Abrahamsgeschichte. Die Auseinandersetzungen zwischen den Heranwachsenden und den alten, alternden Vätern, Müttern, Großeltern bleiben dieselben: die jungen Menschen – sind sie fünf oder sechzehn oder zweiundzwanzig – wollen ihre eigene Welt für sich haben und nicht die „Erklärungen" der Alten. Sie wollen finden – sich selbst und die Welt, und sie werden das tun den Erklärungen zum Trotz. Der Roman der Magda Szabó endet mit einer Umdeutung der Abrahamsgeschichte: „Da nahm Isaak das Schwert aus seines Vaters Hand, und er sagte: ‚Nur dich kannst du opfern, mein Vater, wenn du dem Willen Jehovas gehorchen willst; denn siehe, ich will nicht sterben für deinen Gott. Ich werde einmal für meinen Gott sterben, so laß mich denn gehen, auf daß ich ihn suche.‘ – Und Isaak machte sich auf, ging allein den Weg zurück. Abraham aber blieb an der Stätte des Altars und weinte.“

Da ist nichts zu erklären ...

Das Original

Der Keller gibt den Humus ab

„... der Flötist Klepp, der Gitarrist Scholle und der Schlagzeuger Oskar" – nämlich Matzerath, also Günter Grass, der Maler Horst Geldmacher und Günter Scholl, auch Akademiestudent – spielten 1950 im „Csikos" in Düsseldorf, also dem „Zwiebelkeller" des Blechtrommelromans, ‚In the Moon', ‚ragtime', ‚O Susanna' im Trio und „immer sah man Scholle glücklich und zufrieden" (Die Blechtrommel, 1959, S. 644, 658).

Fünf Jahre später ist Scholle tatsächlich Zeichenlehrer, wie auf Seite 656 versprochen, doch in Bonn und heißt „Scholli", weil alle Schüler und manche Kollegen ihn lieben, und ist „glücklich und zufrieden" geblieben bis heute, wiewohl er brüllt, brummt, bärbeißig und bärtig seine heiße Seele zudeckt. Er ist der freieste Lehrer der Anstalt, weil er die Kinder, die Arbeit, den Streit und das Leben liebt. Er stammt aus Linz am Rhein, woher die strengsten Calvinisten kommen, und das Konterfei eines seiner Urgroßväter schmückt den 1000.–Mark-Schein. So sieht er aus.

Als er vor dreißig Schülergenerationen kam, zog er sofort aus dem Schein-Akademischen des

Zeichensaals in den Keller, in den Untergrund – vier Räume zwischen Ruderkeller und Vorratsverschlag; die sind inzwischen von gemischtem Licht erhellt wie jeder Modellsaal einer Akademie, aber bis unter die Decke voll gekramt mit Wohlstandsmüll, Raritäten, wertvollem Papier, Druckerpresse, Kiwi-Kisten, Radios und mit den Zeichenarbeiten der dreißig Generationen, seinem Werk, der Quelle seiner Schülerkenntnis: jeden einzelnen, auch der Ehemaligen, kennt Scholli; die Unangepaßten besuchen ihn immer noch.

Mitten in diesem Chaos aus Prüll und schönen Dingen stehen – in ein Viertel des Raumes zusammengeschoben – eng bei dicht acht lange, hölzerne Bänke aus der Aula von 1885, einzige Reliquie der 1944 ausgebombten Schule. Auf jeder Bank sitzen eingepfercht und doch völlig locker fünf oder sechs und malen oder tun es nicht. Dem Akkuraten fällt das Lineal aus der Hand und dem träumend Künstlerischen fließt die Farbe von selbst aus dem Pinsel. Ein Rowdy wird angebrüllt, ein weinend Unzufriedener getröstet, die kontrollierende Feuerwehr wird hinausgeworfen, der Hausmeister – das Ordnungsmaß jeder Schule – bleibt unbeachtet, und der nach dem „Rechten" sehende Direktor wird gelegentlich zugelassen, lieber ins Hinterzimmer gelockt, das ebenso vollgestopft ist von Resten für die Zukunft: „Nichts wird weggeschmissen; bald wird daraus ein Wegwerf-Denkmal auf dem Schulhof", verspricht Scholli jedes Jahr neu.

„Kreativität bevorzugt unordentliche Verhältnisse" (So jüngst auf einem Philologenkongreß!): Schollis Keller ist das Eldorado jeder Kreativität, war's längst, bevor es den Begriff gab, mitten drin wuselt Scholli in Jeans und Windjacke. Darauf sind Flecken vom Malen und Kleistern. Er hat eine Mütze auf. Einmal kam er mit Schlips auf rosa Hemd, und niemand erkannte Scholli. Nicht einen Moment steht er still, nichts entgeht ihm, jedenfalls nichts Wichtiges in der Schule, obgleich er im Keller schafft, höchstens durch die Flure rennt oder im „Aquarium" – dem Aufenthaltsraum der Oberstufe und wild-unordentlich wie sein Keller – seine Schüler sucht. Nur dort hängt er die Kunst seiner Schüler aus oder die orientierenden Plakate, damit jeder ihn finde und seine Kursziele: „forte-piano" – „aus starkem und schwachem Strich" – „geschrieben, wie jeder es kann (könnte)" – „Morandi zeichnen". Scholli hat es nicht mit dem Dekorativen, nicht mit dem feinen Fertigen. Im Prozeß entstehen die schönsten Einzelheiten. Wenn er mit seinen Adepten dem Jahresbericht den graphischen Rahmen gibt, die Ergebnisse einer Abiturientia ausstellt, einen Kalender macht, dann sieht jeder die Sicherheit seines Strichs.

Einmal gab sein Keller den Humus der Schule ab, als sie nämlich oberhalb austrocknete vor richtlinienkorrekter Richtigkeit, die fristgerecht 1968 explodierte. In die warme Feuchtigkeit, die Humorigkeit seines Kellers rettete sich der richtlinig Gemaßregelte und sang zu Schollis Banjo oder zur Gitarre oder hörte Brecht, Hüsch, Hildebrandt. Am Nachmittag, bei den freiwilligen Runden, gab es manchmal Rotwein aus der Toscana, kleine Schlucke und großen Dank.

Scholli ist frei – auch weil an seinen Zensuren (meistens) nichts hängt, sein „Fach nicht zählt"; weil sein Tun, sein Furor, sein Leben so nutz-fern ist wie die Kunst, weil er nicht eingepaßt ist. Seine Schüler lernen von ihm Freiheit und Kunst.

Scholli redet viel – vom Gymnasion und vom Umweltbewußtsein („das, was bildende Künstler seit je besaßen", sein Wort), von „Natur und Kunst". Dies Goethe-Sonett hielt her, nachdem einst nachts unanständige Wand-Sprüh-Sprüche den Schulhof lädiert hatten: Sein Pinsel in den Händen vieler Schüler strukturierte die Unzier zum Sonett-Spruch-Wandschmuck und hatte ein Problem gelöst: die Fläche blieb auf immer besetzt, und der Schulleiter hatte nichts weiter zu tun; er redet von Klee, Morandi, da Vinci (während er sie vormacht zum Nachmachen), von „Faschismus", vom „Csikos", vom „Polit-Lügenzwang", er redet ohne aufzuhören und träufelt dabei Bildungsgut, während er seine Schüler an seinem Leben teilhaben läßt, auch am Transport seiner Kistenschätze aus dem Keller in sein Barocksteinhaus in Hersel, ein Museumsstück aus seiner Hände Arbeit und auch voll Prüll; selbst in sein Haus in einem Dorf der Toscana dürfen seine Schüler, wenn sie vorbeikommen, und wenn Beuys zufällig einmal zu seinen Kisten im Keller kam, sind seine Schüler dabei.

In den Konferenzen kollert er; man muß ihm zuhören, weil er alles übertönt. Alle halten den Atem an, halten ob der nicht verstandenen Assoziations-Bruch-Ketten seiner Reden stand und ihre Ungeduld mühsam fest und staunen ob seiner Wahrheiten, in Aphorismen des Augenblicks Glanzlichter der Analyse. Er benennt Wichtigstes in einem Wahrspruch und sagt in der Klassenkonferenz: „Ute ist ein gut gedüngtes Unkraut": jeder sieht das ungebärdige, nicht zu bändigende Mädchen, in dem noch alles steckt; das heißt, es wird versetzt.

Und wenn Ungestüm ihn zu weit gehen läßt, steht am Morgen danach in der Großen Pause ein großer, roher Sack mit Mandeln neben einem kleinen Amboß mit Hammer zum Knacken und Wein aus Karaffen da: ohne Streit kein Friede, ohne Schenken kein Dank.

Pubertät

Die Schule läßt die Eltern leben

Das Concise Oxford Dictionary sagt einfach: Pubertät – die funktionale Kapabilität zur Prokreation (fähig zur Mitschöpfung) „rechtlich in England mit 14 bei Jungen, mit 12 bei Mädchen". So einfach wär das?

Von Vergnügen kein Wort, keins von Freud, nur von Bedeutung.

In Wirklichkeit ist sie die Hauptsache der Schule. Für das, was man in der Schule lernen muß, genügte bestimmt weniger als die Hälfte der Zeit. Aber – gäbe es die Schule nicht, wäre diesem Anprall bockigsten Widerspruchs des Pubertierenden niemand gewachsen – der partnerschaftliche Vater nicht, die verständnisvollste Mutter nicht, die offenste Ehe hielte nicht stand. Die Schule ist auch ein Eherettungs-Institut!

„Ich den Mülleimer runtertragen? Hab ich den vollgemacht?" – „Ich geh nicht ins Bett! Was heißt, warum nicht! Weil ich nicht geh'" – „Das geht Dich gar nichts an!" – Wer vermöchte dem Wust an Einsamkeitstrotz zu widerstehen?: „Ich weine, wann ich will!" – „Alle hassen mich" – „Ich bin häßlich. Du auch!"

Für diesen Zustand ist die Schule da – wenigstens nach der Vokabel-Lernzeit und bis zur Prima. Während der fünf Jahre Pubertät – niemand mache sich etwas vor, solange dauert sie – ist die Schule nichts als Bollwerk, Hindernisbahn. Seltsam, wie wir das immer wieder vergessen. Am 14. September 1785 berichtete der Assessor von Gruben dem Kurfürsten Maximilian in Bonn: „In der Aula des hiesigen Gymnasiums wurden die neuen Bänke, Lehrstühle, Thüren und Seitensitze zerschnitten und gewaltsam vernichtet, die Fensterscheiben eingeschlagen, der Bley daraus geschnitten, und was dergleichen boshafte Exzessen mehrerer sind, ohne daß man die eigentliche Thäter aufspüren kann – und die Juristen werfen die Schuld auf die Studenten, diese werfen solche wieder auf die Juristen oder die, die an Sonn- und Feyertagen ihre Andacht darinn halten, den Junggesellen …“.

Irgendwo muß die Wut darüber, erwachsen werden zu müssen, doch bleiben. Die Mülleimer, Väter, Bettücher, Mütter, Geschwister und Türrahmen daheim reichen einfach dafür nicht aus. Deswegen stöhnen die Lehrer jedes Jahr neu: „Solch eine schlimme Klasse habe ich noch nie gehabt".

Spätestens in der siebten Klasse beginnt die „Procreation" – „Mitschöpfung". Das will der jüngste Pubertierende: Die Welt neu machen, endlich das Richtige tun. Und da die Schule sowieso „von gestern" ist, „funktioniert" das am besten in der Schule: Verweigern, Widersprechen, Mitleidheischen, Recht haben, Recht behalten. Die Schule ist der beste Prellbock der Pubertierenden – und hält die Familie intakt. Wenn das nur die erledigten Mütter wüßten und die uralten siebenundzwanzig Jahre alten Assessoren drauf vertrauten! Warten können, brodeln und sieden lassen, standhalten reicht aus. Es kann sehr hübsch sein, diesem kochenden Anfang des Mitschöpfens, Mit-Zeugens des Neuen beizuwohnen, dieser „capability of procreation ...".

Qualm

Argumente nützen nichts

Der schlimmste Platz ist immer – der Aufenthaltsraum der Oberstufe. Dort sieht es aus wie an der Haltestelle der Straßenbahn, auf dem Bahnsteig (Haben Sie einmal den Schotterweg unterhalb des Perrons entlanggesehen?), wie vor einer Frittenbude: der Boden besät mit Kippen. Während der Schulpause lagert über allem dichter Qualm. Das Menetekel von der Aussichtslosigkeit der Erziehung?

Dabei hatte die SV (Schülervertretung) längst das Richtige durchgesetzt: Es wird nicht geraucht im Hause – sonst. Die wenigen nicht alternativ erzogenen Lehrer rauchen in der hintersten Ecke des Lehrerzimmers, der Hausmeister nicht einmal in seiner Loge; der Schulleiter wird nirgends angetroffen mit seiner Zigarette, er raucht in seinem Amtszimmer; das blieb altmodisch.

Was hilft's?

Der Qualm liegt dicht im Aufenthaltsraum. Er ist wenigstens lokalisiert. Rauchen ist zugelassenes Verbotenes, ein Ventil.

Wieviel vergebliche Liebesmüh an wievielen Stellen, das Rauchen unschmackhaft zu machen!

Heroische Eltern versprechen 1000.–, wenn bis zum 18. Lebensjahr nicht geraucht wird, sagen ein Moped zu, eine Ferienreise. Sie rauchen selbst nur im unbeobachteten Moment, sehen mit den Kindern zusammen die Lungenkrebs-Warn-Filme. Der Biologielehrer, weltanschauungsgeneigt, ist gutes Beispiel; er zeigt das Verwerfliche und seine Folgen monatlich im Film. Die SV veranstaltet eine Anti-Raucher-Woche, absorbiert Energien in Plakatentwürfe, Prämienvorschläge, Rauchersparwettbewerbe ...

Was hilft's?

Die einen bleiben die Gesunden, die Besseren, die Bewußten – die anderen rauchen weiter.

Aber eine entschiedene Freundin soll Abstinenz verlangt und erreicht haben. Es soll auch der Freund von der Freundin Gleiches erwonnen haben. – Es soll von Hilfe gewesen sein, wenn Eltern ihre Kinder ermuntern, sie als die Buhmänner vor den Verführern zu stempeln („Meine Alten verbieten es einfach ..."; „Ich krieg die Lok nur, wenn ..."; „Ich hab sonst kein Geld für mein Hobby ..."). Die Erfahrung habe ich gemacht: Man verschaffe dem erst halb Geneigten (zum Rauchen, zum Ausgehen des Nachts, zur eigenen Bude etc.) eine gute Ausrede!

Vielleicht hilft die Ausrede; Argumente helfen nicht. Garantiert hilft nur die Angst. Die kommt aber nicht vom Angstmachen, sondern leider nur aus Erfahrung.

Reformen

Warum man sich so gut auf die Schule verlassen kann

Ein einziges Mal kommt in Kafkas Werk eine Schule vor – im Schloß-Roman. Von der Schule heißt es da, sie sei ein niedriges, langes Gebäude und vereinige merkwürdig den Charakter des Provisorischen und des sehr Alten.

Diese Metapher ist gültig.

Schule ist immer sehr alt. Das modernste Gebäude und der modischste Pullover ändern daran nichts; im Gegenteil – keine ganz alte Schule kann je so beschädigt, verschlissen, renovierungsbedürftig aussehen wie eine neue zwei Jahre nach Erstellung und Gebrauch. Das lässigste Kleidungsstück verbirgt es nicht: für den Sextaner ist ein Lehrer ganz einfach ein alter Mensch. Für den Sekundaner bleibt der anbiederndste Assessor dreimal so alt wie er selbst. (Wüßte das nur jeder Studienrat). „Was, Sie haben noch einen Vater!?" wird der Studiendirektor gefragt, als habe er nichts als Großvater zu sein.

Für alle Ehemaligen sind Gemäuer und Bänke ebenso wie die Lehrer der Schule Anlaß zu mitleidiger oder ärgerlicher Reminiszenz. „Den Knubbel habt Ihr? Der war zu unserer Zeit bereits langsam; liest der immer noch Borcherts Küchen-uhr?"

Die Eltern der Quartaner übertragen die Erinnerungen an die eigene Schule auf die Schulen ihrer Kinder. Sie sind einfach alt. Für alle zusammen – für die Öffentlichkeit – ist Schule als Institut das ständige Vorhandensein von etwas Überholtem – „etwas sehr Altes".

Und Schule ist etwas „Provisorisches." Die darinnen scheinen es nicht zu ahnen: Den Schülern erscheint Schulzeit als ein endlos langer Schlauch; die Lehrer sehen sich festgezurrt zwischen Richtlinien und vorgefundenen Strukturen. Aus einiger Ferne sieht man es anders: die Schüler sind vorläufig in der Schule – in dieser, in der nächsten, in dieser Klasse, der nächsten, bei diesem Lehrer und dem nächsten, in dieser Stunde und der folgenden – in immerwährender Veränderung unterwegs. – Der Lehrer – als „Sekundärerzieher" ohnehin nur vorläufig beauftragt und aus den Ernstbezügen seiner erwachsenen Umwelt dispensiert – verdrängt oder kompensiert die vergängliche Vorläufigkeit seines Tuns – ein weites Feld. Und die draußen meinen, man solle die Schule endlich zur Ruhe kommen lassen. Welche Illusion zu denken, die Schule könne als Hort eines verläßlich-gültig Bleibenden bestehen. Das weiß die Kafka-Metapher besser: Die Schule ist ein niedriges (nirgend eminent herausragendes) und ein langes (langanhaltendes) Gebäude, das merkwürdig (!) den Charakter des Provisorischen und des sehr Alten vereinige. Die Schule ist semper reformanda und alt. Das beruhigt.

In einer üblichen Schule unterrichten in der Regel drei Generationen von Universitätsabsolventen. Die Alten tradieren, die Jungen verändern, die in der Mitte balancieren. Eine übliche Schule hat Greise und Jünglinge als Lehrer und als Schüler Kinder und junge Erwachsene und die Stufen dazwischen. Nichts verändert sich daher schnell, aber alles verändert sich unentwegt. (Selbst die einschneidendste Reform des Gymnasiums seit Humboldt, wie man sagt, die „differenzierte Sekundarstufe II" ist inzwischen alt, gymnasial und längst wieder provisorisch ...).

Man kann das am empfindlichen Thermometer der Schule ablesen: Den Deutschunterricht z.B. besorgen heute an einer Schule nebeneinander die Germanisten von 1950, von 1968 und von 1985.

Die ersten hatten „Werkimmanenz" studiert, eine Art Sicherheitsmethode, mit der niemand schlittern konnte auf dem glatten Pflaster der Nachkriegszeit; jedes Kunstwerk ruhte selig in sich selbst wie Mörikes „Lampe" und war schön und sonst wenig. Deshalb galt nur die „Ganzschrift", man las die „III. Duineser Elegie", den „Großtyrann und das Gericht" und die „Mutter Courage", immer ganz und rein.

Die Germanisten mit dem Examen von 1968 und danach verstanden Linguistik und Literaturgeschichte als Provokation und stellten in Frage, möglichst alles; der comic strip, die Kiesinger-

Rede, die Hochsprache als Herrschaftssprache waren ins Bewußtsein zu heben. Geschriebenes ist Literatur der Literaturen und der gesellschaftlichen Verhältnisse; also keine Ganzschrift, sondern Ausschnitte, Materialien, die Kurzgeschichte, das Kaleidoskop.

Die Deutschlehrer von 1980 und danach haben längst wieder die Literaturhistorie als neue, alte Sicherheit erkannt, gehen von Fakten, Daten, Redefiguren, Metaphern und Inhalten aus: die Buddenbrooks und die Empfindlichkeit um 1900, Heine und Italien, Katharina Blum und die Bildzeitung.

Es bleibt das Beste an den Schulen, daß die Struktur ihrer Kollegien von selbst dafür sorgt, daß nichts von heute auf morgen anders wird und nichts beim alten bleibt. Deswegen kann man sich so gut auf die Schule verlassen: sie „vereinigt merkwürdig den Charakter des Provisorischen und des sehr Alten".

Rollenwechsel

„Meine kleine Mutti, du gehst mir auf die
Nerven!"

Schade, Vati, daß Du schon so alt bist!"

Ist das ein Kompliment oder das Gegenteil?
Man bekommt es gesagt, wenn man gar nicht so
alt ist. Es schmeichelt und schmerzt. Die Tochter,
etwa fünfzehnjährig, sagt es ganz ruhig: Hat sie
traurig auf den Vater ihrer Kindheit verzichtet
oder großzügig den Vater als Freund verabschie-
det? Der Vater versteht den Satz nur halb – aus Eitelkeit?

Die Mutter versteht die Tochter genausowenig,
wenn diese mit zartem Schulterzucken seufzt:
„Ach, meine kleine Mutti – Du gehst mir auf die
Nerven!" Ist das Abwehr der dauernden Mahnun-
gen (sich gerade zu halten, wärmer anzuziehen ...)
oder soll endgültiges Mitleid die quälend verständnisvolle Mutter treffen?

Zwölfjährig hatte die Tochter bereits energisch
ihre Frauenrolle verteidigt, als sie mit dem Vater
in die Stadt ging und ansehen mußte, wie die Ver-
käuferinnen auf des Vaters charmierende Koket-
terie hereinfielen: „Laß das!" hatte sie gefaucht
und wie beleidigt ihn fortgezogen. Schämte sie

sich seines Wahns oder war sie verletzt über die Leichtgläubigkeit ihrer Weibsgenossen?

Später wird dem wirklich älteren Vater so manche Jugendlichkeitsanwandlung viel leichter nachgesehen. Nur den zu saloppen Freizeitlook darf er nicht anziehen: „Wie läufst denn Du herum?" Ist das Sweatshirt über'm Embonpoint einfach peinlich oder stört das als Anbiederungsversuch?

Ist er noch älter, die Tochter dreißig und kommt sie einmal ohne Enkel, nur um zu erzählen von ihren Dienstgeschäften, ihren Bekannten, dann kann sie erstaunt und wie aus heiterem Himmel feststellen: „Komisch, sonst bei Erwachsenen komme ich mir immer wie auf Besuch vor." Bei den Eltern also nicht auf Besuch, bei anderen nicht erwachsen? Überhaupt – was heißt komisch?

Aber – wie kommt sich ihr Vater vor, wenn er seine uralte Mutter im Pflegeheim besucht?

Schulentlassung

„Ich möchte noch dableiben"

Der Mensch hat zwei Beine und zwei Überzeugungen", sagt Tucholsky und hat es relativ einfach. Die Schule hat zwei öffentliche Tage und vier Meinungen: Wenn die Sextaner kommen und wenn die Abiturienten gehen, meinen die Eltern, die Schüler, die Behörde und die Lehrer jeweils etwas Verschiedenes. Wie macht man's richtig? „Wie hätten Sie gern Ihre Abiturientenentlassungsfeier"? So eine richtige amerikanische high school hat es da ganz einfach: Sie braucht nur das nie gewesene Mittelalter beizubehalten – mit Talar, Robe, Barett und geprägtem Karton. Aber so eine Schule noch aus dem richtigen barokken Jesuitenzeitalter mit Aula, Anpassung und computergerechtem Zeugnisblatt – was macht die?

Ich stelle die Geschichte einmal dar und lasse Sie raten, ja?

1968/71 war alles ganz klar. Die Sekretariatstheke fungierte als Übergabebarriere. Die Schulsekretärin tätigte die Zeugnisausgabe. Sie händigte das Blatt aus. Derlei tat sie gegen Quittung. Die Abiturienten hatten sich verbeten, entlassen zu werden; sie entfernten sich selbst.

1972 wurde dekretiert: Abiturienten ohne Eltern, die gäb's nicht; demnach besäßen Eltern das Anrecht, dabeizusein. Doch Vorsicht schien geboten, Kompromiß war erbeten: Man treffe sich im Foyer und versuche die gemeinsame Anrede vom Treppenabsatz aus. Das ging; es fing griechisch an, ging deutsch weiter, ließ sich überhaupt gut an. Nur – niemand hatte daran gedacht, daß man so gedrängt im Flur zwischen den Vielen alleingelassen seltsam dastand mit dem Papier in der Hand, bis es schließlich als Urkunde in die Hand der Eltern gerettet ward.

„Warum haben Sie uns dafür eigentlich so lange stehen lassen?" fragte der Vater, nachmaliges MdB, begreiflicherweise. Er konnte nicht wissen, daß „eigentlich" ein sehr wichtiges Wort war. Sekt gab es noch keinen.

1973 gab es Sekt. Dazu war es ganz demokratisch gekommen. Marcuses Repression hätte ihre helle Freude gehabt: Alle waren gefragt worden, alle hatten diskutiert, alle hatten abgestimmt, alle hatten zugestimmt:

Die Herren Abiturienten luden ein – es war schließlich ihr Sekt – zu Gottesdienst, Zeugnisübergabe, Empfang. Auf Bütten „eine abiturientia des Staatlichen Beethoven-Gymnasiums Bonn". Tradition? Jedenfalls war dies ein Fortschritt: weil alles abgesprochen war, war auch alles kurz, die Reden, das Stehen, der Empfang, und jeder war trotzdem zu seinem Teil gekommen – zu Zeugnis, zu Öffentlichkeit, zur Entlassung. Nur – wer hatte wen entlassen? Es kamen Zweifel auf. War's vielleicht zu kurz gewesen? Jedenfalls traf sich die nOIb abends zum Essen in Hangelar und erzählte von früher.

1974 war das Provisorium etabliert. Foyer – Reden – Zeugnisse – Sekt! Da war die Schule keine Staatliche Anstalt mehr, auch keine humanistische – gerade als sie 300 Jahre alt geworden war, war sie auch reformiert, differenziert, kommunalisiert – nur die Abiturienten stellten sich in anderer Differenzierung dar: gOI – Griechisch und Latein im Abitur, kOI kombiniert – wenigstens noch Latein im Abitur, nOI – bloß noch neusprachlich, aber wenn schon! Abitur! Diese ganz traditionelle Abiturientia also hatte den Fortschritt ins Foyer gewählt: der jeweilige Redende stand mit dem Rücken zum Pfeiler allen anderen aufrecht Stehenden gegenüber – und taktvoll waren die Reden, kurz eben und gut. Sie gingen über den Numerus clausus.

Nur einer war nicht zufrieden: er kam mit einem Eselskarren auf den Schulhof, den Wust der Bücherlast seiner neun Jahre drauf und ein Fäßchen wie zu Kaisers Zeiten; die Bücher sollten brennen, das Bier sollte löschen. Nur der Hinweis auf den Asphalt des Hofes rettete vor Feuer und Ärgernis. Hatte er sich nicht entlassen gefühlt? Wollte er mehr als Foyer, Reden, Zeugnisse, Sekt?

1975 war das Provisorium feierlich. Das Foyer war Aula-Anstatt. Die Reden wurden im Sitzen genossen, der Sekt reichte nicht aus: im Halbrund standen Stühle, Stuhlreihen für 200 Gäste geschleppt, gestellt, geordnet, in der Treppenecke zur Putzeimertür hin stand gegenüber das Halbrund aus gemietetem Lorbeer, die Garderobentheken dahinter mit Krepprosetten bunt. Ein Klavier stand da, ein Rednerpult und immer nur ein Redner mußte stehen. Diesem eleganten Höhepunkt aller Entlassungen aus einem Flur entsprechend setzte sich das festliche Treiben fort – bis in die Frühschoppenterrassen des Bundeshauses oder an das Dinerhufeisen des Bergischen Hofes. Die Reden dauerten länger, alles dauerte länger ... Hatten jetzt die Eltern die Schüler und Lehrer entlassen?

1976 – zur Abwechslung einmal wie früher? Oder weil die Reden sowieso lang geworden waren? „Die Entlassung der Abiturienten" hat jedenfalls in der Aula stattgefunden – ich erinnere mich genau: ohne Diskussion vorher, wie von selbst, ganz einfach – und einer sprach und lobte sehr: „Das ist gut so." (Ich habe niemanden gefragt, aber ich glaube, es war wegen der Stühle: in der Aula stehen ja sowieso welche, nicht wahr?) Man rezitierte, spielte den Dank zurück an die Schule mit Flöte und Geige, und der Direktor meinte mit Kafkas Kleiner Fabel: „Ach, die Welt wird enger mit jedem Tag." – Man hatte gesessen, den Sekt vor der Aulatür genommen, man war gerührt und wieder gegangen. Hatte diesmal die Schule entlassen?

1977 erklärte der Jahrgang 13 – es gab ja keine

Oberprima mehr – „Soll alles umsonst gewesen sein? Wir gehen nicht in die Aula!" So selbstverständlich rigoros tritt man auf. Also saßen wieder alle auf Stühlen im Foyer. Diesmal war's dürftiger, also republikanischer, die Lorbeerbäumchen mager. Aber die Rede des Jahrgangssprechers wurde sehr lang. Er hatte viel zu sagen. Er sagte, weil wir ja alle saßen, alles was in den Zeitungen stand: die Differenzierung habe Anonymität gebracht, den Leistungszwang, den Konkurrenzneid, die Noten seien eine egalisierende Skala geworden. Das war nicht republikanisch. Es gab welche, die fanden die Rede falsch, der Direktor hatte vorher in allem das Gegenteil gesagt – aber nachher waren alle entlassen: Foyer – Reden – Zeugnisse – Sekt – ob das so richtig war?

Auch 1978 blieben die Reden lang: aber in der Aula, kein Foyer, kein Sekt, nur Zeugnisse. Es war einfach entschieden worden: „Wozu haben wir eine Aula? Jetzt wird gesagt, wie's gemacht wird. Die Schule entläßt ihre Abiturienten."

Es hat sich niemand gewehrt. Die Aula war voll. Sogar Sextaner kamen zuhören – freiwillig, niemand mußte. Auch Abiturienten kamen – nicht alle übrigens –, unterschiedlich: barfuß, in Jeans, im Frack, mit Seifenblasen, auch unrasiert, aber onduliert, die Damen sogar mit Kleid zum Knicksen, insgesamt eine sehr gepflegte, überlegte, besondere Eleganz. War die Mischung Antwort auf die verordnete Aula? Unsicherheit, Selbstsicherheit, Genanz, Enttäuschung, daß mehr nicht war?

Jedenfalls scheint seit langem nun der Rahmen gesichert: Chor vorn, Musik hinten und dazwischen die Reden? Was mögen die Musikmacher davon halten?

1979 war alles ganz schnell absolviert in der Aula – vorne nichts, hinten auch kein Sekt, ein bißchen Musik als gelassenes Zugeständnis an zwei Konabiturienten. Die Gelegenheit war günstig. Jeder hatte sich auf unterspielende Eile eingestellt. So vollständig wie zu diesem Moment war der Jahrgang nie gewesen: Die Primen-25%-Fehlquoten-Nutzungs-Vorschrift hatte ja die Primaner zu Cafeteria-Besuch in der UB oder zum Bier verpflichtet das Jahr über.

Da wurde es eine ganz ganz lange Rede – mit viel Trauer, viel Thomas-Bernhard-Zitat, schwarzer Österreichischer Tief-Wut, die viel-beredte Nostalgie war so vollständig, daß die Rede zum Gedicht ward über das große Umsonst der Lern- und Lehrmaschine. Es war rührend, selbstrührend, richtig traurig. Dem Schulleiter blieb nichts anderes übrig, als ganz schnell, in drei Minuten, zu bestätigen, daß nun wirklich alles vorbei sei, und dann waren alle weg. Kein Foyer, keine Republik, kein Sekt, nicht einmal eine Elternantwort war zugelassen durch den Jahrgang, weil der vorjährige Elter zu lange über Deutschland geredet hatte. Dabei hatte doch die Entwicklung 1972 wegen der Eltern angefangen?

Nur das Violinsolo war geblieben und der Chopin am Schluß – großartig gespielt beides, doch irgendwie dünn: der Rahmen hielt nicht seinen schweren Inhalt. Niemand fühlte sich entlassen. Die einen kamen sich fallengelassen vor (Eltern, Lehrer, Schüler); die anderen ließen welche gehen (Lehrer, Schüler, Eltern); noch andere gingen einfach los (Schüler, Lehrer, Eltern).

Hat die Frage „Wie hätten Sie's gern?" geholfen? Wie entläßt man heute wen wohin?

Ein Abiturient des Jahres 1980 erklärte vor Beginn der ersten Deutschstunde seines letzten Schuljahres: „Der Schüler Gerber – Das ist Schule. Das ist wahr." „Der Schüler Gerber" – das war Friedrich Torbergs Antwort 1930.

Fünfzig Jahre und nichts inzwischen passiert? Im Gegenteil – alles passiert, aber manches bleibt gleich wie bei Homer.

1985 erklärte die charmanteste Abiturientin unumwunden: „Ich möchte da bleiben". Eben das soll es auch früher schon gegeben haben. Die Abiturientia – ein 120 starke Köpfe starker Jahrgang – lud in die Aula ein, spielte ihre Musik und ihr Kabarett und entließ die Lehrer und Eltern abends aus der Fête mit dem Versprechen: Wir kommen wieder. – Zu ihrem Glück: Sie kommen nicht wieder. Sie sind entlassen.

Schulerinnerung

Nicht nur Schimpf und Preis

Aus Romanen kennt man die unerträglichen Lehrer. Professor Unrat ist fast eine sympathische Figur. Vom „Schüler Gerber" Torbergs bis zu Musils jungem Törleß schimpft die Literatur.

Schon der Freund Hannos in den Buddenbrooks, Kai, der Graf, geht souveräner in die Schule; er muß dem ängstlichen Hanno zeigen, daß Unterricht so wahnwitzig wichtig gar nicht ist. Seltsam, das wissen viele und sagen es nicht; sie lieben die Schule ihrer Erinnerung, doch schreiben sie nicht über ihre „besonnte Vergangenheit".

Wer schimpft später über seine „miese Penne"? Warum erinnern sich andere zufrieden? Es gibt eine aufschlußreiche Lektüre zu diesen Fragen, ein Buch, von dem man ganz anderes erwartet: „Meine Schulzeit im Dritten Reich; Erinnerungen deutscher Schriftsteller" (1982). Die Generation der um 1925 Geborenen erinnert sich um ihre Sechzig.

Die Texte verraten mehr von der Herkunft der Schultraumata als über die Nazizeit-Schule. Ausgerechnet den Angepaßten der Zeit entfahren die gröbsten Invektiven gegen die Schule und ihre Lehrer. Die Unabhängigen anerkennen ruhiger: von Schnurre bis Reich-Ranicki preisen manche die Schule, am unmißverständlichsten spricht Heinrich Böll: Der schreibt unter dem aufgetragenen Titel: „Ja, auch die Schule, ich weiß, aber zunächst ..." und erzählt vorrangig von den tatsächlich wichtigen Jungenerlebnissen, von dem verbotenen Zigarettenkauf und -schmuggel, der Fahne mit dem riesigen PX darauf, den Kneipen des Severinviertels, von seiner Mutter Schimpfwort „bourgeois". Alles aus der Schulzeit ist wichtiger als der Unterricht, wichtiger selbst als der Religionslehrer, der viel wichtiger war als die Schule. Der alte Böll hat nichts zu verdrängen aus seiner Schulzeit.

Die Angepaßten von damals und heute erinnern die Schule als den bedrückenden Anpassungsort, dem sie nicht zu entgehen wußten; sie urteilen über sich, wenn sie ihre Schule verurteilen, und kommen nicht weg von ihr. Den anderen war Schule eine Herausforderung, die sie bestanden.

Der Überlegene, denkt er an seine Schule, erinnert sich an wer weiß wie vieles – an die Fahrten, die übernommene Theaterrolle, den ersten Auftritt als Schulsprecher, den Schulchor, er denkt an seine Zeit als Redakteur der Schülerzeitung, an Feste, an eine Nachtwanderung; an den Unterricht denkt er kaum, wohl an einzelne Lehrer. Einen, manchmal zwei aus seiner ganzen Schulzeit sieht er vor sich als beeindruckende Menschen und dankt ihm stumm. Den Rest – die vielen – hat er vergessen wie den Unterricht, bis auf die Anekdoten, die Streiche, die Unzulänglichkeiten, die Ärgernisse, über die er lächelt – jetzt.

Dem Schimpfen entspricht der genauso unreflektierte Preis der alten guten Schule; das Lamento ist nichts als die Kehrseite der laudatio temporis acti: „Zu unserer Zeit ..." da wurde wenigstens noch etwas gelernt; da wäre solche Frechheit nicht möglich gewesen; da gab es Originale ... Vornehmer: „Das Gymnasium meiner Tage gibt es nicht mehr", „Die Bildung des Abendlandes ist (zu meiner Schulzeit) untergegangen ...".

Die Lust zur Verbrämung der Vergangenheit ist uralt. Homer läßt den greisen, redseligen Nestor schwärmen von einst, als die Helden größer, mutiger, gewaltiger waren – gleich ihm selbst, und läßt ihn klagen über die schlaffen Gestalten von heute. Homer benennt auch gleich den Grund: „O Artide, ich wünschte mir selber, ich wäre wie damals ...". Das Plato-Zitat über die ärgerlichen Hippies seiner Tage hat sich inzwischen herumgesprochen. Nie werde ich den schneidigen Kapitänleutnant vergessen, der sich vier Jahre nach seinem höchst mühsam bestandenen Abitur vor mir aufbaute mit dem Satz: „Na wissen Sie, die Abiturienten, die Sie einem heutzutage so schikken ...!" Das ist das Selbstbewußtsein des Abiturienten auf der vermeintlichen Höhe der Bildung;

er erinnert es gern; nie wieder war er in diesem
Hochgefühl gewonnener Bildung; deswegen kann
jeder gewesene Abiturient so selbstsicher erklären: „Ja, zu meiner Zeit, da wurde noch etwas im
Abitur verlangt!"

Wieviel Dummköpfe haben früher – in den guten alten Zeiten – das Abitur bestanden, auf dem
humanistischen Gymnasium vor 1900 und dem
vor 1933 und auf den vielen Real-Gymnasien seither, und wieviel mehr bessere Abiturienten als damals gibt es heute unter den viermal so vielen! Die
Schelte der jeweils gegenwärtigen Jugend und die
Vergoldung der eigenen werden auf demselben
Prägestock gemünzt. Wut über damals Versäum-
tes und Bramarbasieren mit Heldentaten von damals sind die Wurzel der Ungerechtigkeiten über
„die Schule" der Kinder und Enkel.

Solidaritäten

Für den Alltagsdschungel lernen

Wo liegt in unserer sogenannten Überflußgesellschaft die Zielschwelle für die, die heute anfangen? Solange eine nachfolgende Generation beschreiben konnte, was fehlt (1950), worin sie die Vätergeneration übertreffen und korrigieren wollte (1968), hatte sie einfache, konkret beschreibbare Ziele. Die gegenwärtige Generation der jetzt Anfangenden ist die erste, die die Konsequenzen des Überflusses, der Überflüssigkeit, des Wohlstandsegoismus zu durchstehen hat. Wie soll sie mit der Erfahrung fertig werden, daß Streben nicht mehr Individualisierung, Rangsteigerung, Selbstgewinn, Genußsteigerung zum Ziel hat, sondern daß sie hilfereiches Einpassen zu lernen hat – hilfereich im Doppelsinn: dem anderen zur Unterstützung, sich selbst zu Bestätigung?

Das Gymnasium in seiner gegenwärtigen Organisationsform scheint bereits erste Nachweise seiner Brauchbarkeit auch für diesen Lernprozeß erbracht zu haben. – In dem Dschungel unserer Großstadtwelt haben Bildung und Personwerden flexible Formen und neue Inhalte gewonnen, die

die „differenzierte Oberstufe" finden und entwikkeln hilft.

Für die Utopisten aus dem ersten Drittel unseres Jahrhunderts lag der Dschungel draußen – am Rande, wie zur Rettung der perfektionierten Welt aufbewahrt. Für Huxley, Werfel und die anderen war der Dschungel übrig gelassen zum Heile aller, ein Reservat zur schließlichen Heilung der seelenlosen Technifikation. Darin haben die Utopisten sich getäuscht. Das war wie eine romantische Fortsetzung des Traumes von Robinson, vom Guten Wilden, von Rousseaus Optimismus und hat seine Entsprechung in den alternativen Gutshöfen der heutigen Aussteiger: Der Dschungel ist unser täglich zu bestehendes oder unentwegt zu reorganisierendes Versorgungsgefüge. Darin haben wir uns zurechtzufinden; damit haben sich unsere Anfänger einzulassen; dafür müssen unsere Abiturienten vorbereitet sein. Und dies ist die neue Lage: keiner unserer klügeren Abiturienten und Studenten wird bereit sein, sich heute – und morgen noch – vorzustellen, was genau er in fünf oder in zehn Jahren sein oder tun wird. Die gegenwärtige Generation der Zwanzigjährigen legt sich nicht fest, strebt nicht geradewegs Positionen an, setzt nicht vorwegnehmend Endgültigkeiten, und sie mag gut vorbereitet sein, weil sie während der Oberstufe lernen mußte, Freiheiten und Freizeiten zu nutzen, Lücken zu finden, Gelegenheiten zu Umorientierungen zu entdecken. Durch den individualisierten Stundenplan, die wechselnden Lerngruppen, die diversen Arbeitsmethoden lernen die Schüler der Oberstufe, im Provisorischen Verläßlichkeiten aufzuspüren, in Partnerschaften Mobilitäten zu entwickeln, in Gruppen sich in das Gefüge eines sich differenzierenden Jahrgangs einzupassen. Weit jenseits der Klischeevorstellungen von der Anonymität des einzelnen und seiner Verlorenheit außerhalb eines gewohnten Klassenverbandes haben die Schüler dieser Oberstufe Eindrucksvolles gelernt und geleistet: zuerst eine unmittelbare Hilfsbereitschaft – das Auto zu leihen, beim Umzug in die eigene Bude zu helfen, einen Schrank wegzugeben, den man im Moment nicht braucht, Eigentum zur Verfügung zu stellen, in Gruppen Lernziele zu beschreiben und zu erreichen, dann – Zeit zu haben, für sich und andere. Es gibt eine neue Bescheidenheit in diesen Solidaritäten mit den vielen: jetzt, hier, gleich das Notwendige zu tun!

Stufen

Innehalten / Um sich blicken

> Kleine Fabel: „Ach", sagte die Maus, „die Welt wird enger mit jedem Tag. Zuerst war sie so breit, daß ich Angst hatte, ich lief weiter und war glücklich, daß ich endlich rechts und links in der Ferne Mauern sah, aber diese langen Mauern eilen so schnell aufeinander zu, daß ich schon im letzten Zimmer bin, und dort im Winkel steht die Falle, in die ich laufe." – „Du mußt nur die Laufrichtung ändern", sagte die Katze und fraß sie.   Franz Kafka

Nichts lehrt deutlicher als diese Fabel, daß der Lebenslauf ein curriculum vitae, tatsächlich ein Laufen ist – zuerst auf Orientierung zu, dann in schneller zuwachsende Enge bis zum unausweichlichen Ende.

Nichts lehrt besser, nicht noch selbst den Lauf zu beschleunigen, sondern innezuhalten, jede Stufe fest zu betreten, drauf zu stehen, im Umblick die gerade vorhandene Wirklichkeit wahrzunehmen.

Wann bin ich „Ich" selbst? – Als man mich begrüßte: „Ach, Sie sind der Sohn des …?" Oder als man sagte: „Ach, Sie sind der Ehemann von" (der Frau, die früher fertig war als ich, zu der man später meinte: „Ach, Sie sind die Frau von ihm?") Oder bin ich erst der, von dem man auf der Straße erkennend feststellt: „Ach, Sie sind der Vater der Schauspielerin?", oder jener, zu dem sich die Göre im Supermarkt wendet: „Ach, Sie sind der Opa von Alexander!" Ich war immer einer in Beziehung auf andere und vergnügt dabei.

Ist es ein Schock, wenn die Tochter plötzlich nur ihren Lehrer als Autorität anerkennt? Ein wenig später wird's die „Brigitte" sein; und niemand kann etwas machen dagegen. „Das steht schon bei Adorno!" schmettert der Sohn; wer könnte dagegen auftrumpfen? „Das sieht die Schwiegermutter anders", widerspricht der Bräutigam-Sohn. Es ist die alte Geschichte vom Vater, der für den Sechzehnjährigen beinahe ein Idiot, jedenfalls ein Trottel ist, der später für den dreißigjährigen Sohn ein passabler Gesprächspartner ist, wiewohl inzwischen tatsächlich ein bißchen vertrottelt: Es gilt, auf den Stufen inne zu halten, Geduld zu haben und nicht zu schnell in die Falle laufen zu wollen.

Denn: Jene Tochter, die ihren Lehrer als einzigen akzeptierte, wird wenig später sagen: „Wie gut, daß man in die Oberstufe kommt; da merkt man, wie blöd die meisten Lehrer sind!" Der Sohn mit dem kritischen Theorie-Bewußtsein liest Plato.

Erziehen ist meistens nicht mehr als Abwarten – von Stufe zu Stufe. Wer wollte bestreiten, daß das Nerven kostet.

Tee

Er ist heiß und macht Zeit

Von den fernöstlichen Tee-Zeremonien wissen sie fast nichts, vieles von den hundertfältig assortierten Teeläden in der Altstadt, fast alles vom rechten Genuß des heißen Getränks: Tee macht Zeit.

Er kostet fast nichts, außer Sorgfalt beim Bereiten und Andacht beim Schlürfen. Man kann dabei alles tun – die Augen schließen und träumen, den heißen Topf umklammern und leuchtenden Blicks Weltgeschichte machen, gemeinsam schweigen und nichts sein als da sein.

Tee gibt es zu Hause – wie den Kaffee in der Schule und das Bier draußen. Tee sammelt, versammelt zur nüchternen Intimität. Wichtig ist dabei nur, daß Tee heiß ist. Nicht ob Jasminblüte, Earl Grey oder Russisch, ob Kräuter-Kamille-Kreation oder Frühlingsspitzenmischung. Bei derlei Fragen mögen Weltanschauungen aufeinanderstoßen: „Der Erfinder des parfümierten Tees muß ein Barbar gewesen sein" – „Diesen Trank kannten bereits die Kelten" – „Milk-firsters sind ungebildet" –. Tee ist heiß und macht Zeit.

Ein Samowar darf sein, ein Boiler tut's auch;

rote Tonkanne, chinesisches Porzellan oder dikker Steingutpott, auch die sind austauschbar, je nach einladendem Ort. Wichtig ist: Tee gehört nicht zur Arbeit, nicht zur Freizeit, Tee macht Zeit.

Wer einen Haufen junger Leute um braunen oder grünen Tee beisammen hocken findet, sollte dort niemals einbrechen, gar die Runde abzubrechen suchen. Teerunden können Stunden und Stunden dauern. Es muß gar nichts dabei herauskommen. Man ist einig, zufrieden, endlich einmal mit dem Rücken zur Weltmisere, nur miteinander da.

So mag es zugegangen sein bei Rachel Varnhagen oder bei Bettina – im preußisch-nachkriegsarmen Berliner Salon, als zu heißem Wasser eingeladen wurde und zu sonst nichts. Heißer Tee ist genauso harmlos und mindestens so anregend und heute eine genügsame Weltanschauung – gegen den Joint, den Guru, die Disco und die Anonymität.

Einiges davon wußte schon „decent old boy, Chips", die liebenswerte Lehrerfigur aus James Hiltons „Goodbye. Mr. Chips" (1934): wenn er seine Schüler zum pink icing cake geladen hatte und den Tee selbst brühte mit sorgfältig gemischten Löffeln verschiedenster blends, wußte er, wieviel Beruhigendes zu erfahren und zu bewirken war in solcher Runde. Nur – „er blickte nach einer Stunde auf die Uhr und sagte: ‚Nun, nicht wahr, das war reizend, nicht wahr, Sie alle hier gehabt zu haben, nicht wahr; schade, nicht wahr, daß Sie nicht länger ...' und dann lächelte er, schüttelte jedem die Hand, und die Jungen rannten mit ihren Kommentaren zur Schule hinüber. ,Prächtiger Kerl, der Alte, der Chips. Da kriegt man einen famosen Tee – und, man weiß genau, wann er erwartet, daß man abhaut ...'".

Das eben muß man wissen: Junge Leute gehen nie. Sie wissen nicht einmal, ob sie gehen sollen oder dürfen. Sie haben immer Zeit. Als dankbarunsichere Gäste wissen sie nicht zu entscheiden zwischen der Höflichkeit des zuvorkommenden Aufbruchs und der hockenden Freundlichkeit abwartender Zuwendung. Unaufgefordert – bleiben sie sitzen – immerzu.

Das ist bewundernswert: sitzen, klönen, Tee trinken, Zeit zu haben, weil noch eine Ewigkeit vor ihnen liegt; nichts zu wollen, als da zu sein, weil es doch ihr Recht ist, da zu sein. Das sollte jeden hindern, die Tür aufzureißen, dazwischenzufahren und bissig-eifersüchtig zu drängen: Tee abends läßt nicht einschlafen.

Ungerechtigkeiten

Die Pullover unterm Weihnachtsbaum

> „Kinder müssen in Tutelage gehalten werden."
>> Stefan George zu E. R. Curtius
>> am 16. 4. 1911

Die Großmutter schickte pünktlich und genau das Weihnachtspaket, zu öffnen unterm Baum. Die vier Enkel fanden – vier Pullover – ganz gerecht. Ihre acht Mit-Enkel hatten dieselben Pullover unter ihren Weihnachtsbäumen gefunden. Ganz gerecht? Die Großmutter sah nicht die Enttäuschung und las in den Dankesbriefen selbstverständlich nichts als die Bestätigung ihrer Gerechtigkeit ...

Jedem das Gleiche ist wahrlich nicht jedem das Seine – sondern nur Blindheit für die Individualität des Beschenkten. Das Problem kennt jeder Weihnachtsmann. Es verstört jeden Lehrer, die Eltern und noch die Tanten. Den Satz: „Das ist aber ungerecht!" verschlucken allenfalls die wohlerzogensten Kinder und denken ihn doch.

Das Zweitgeborene muß die Kleider des Erstgeborenen auftragen; das eine muß öfter auf Papas Schoß, weil das andere länger gestillt wird. Das enttäuschte Kind fordert mit Recht den Trost, der jedes zufällig danebenstehende Kind zurücksetzt. Das Älteste bekommt zum Geburtstag ein Buch, wenn das Kleinere noch nicht lesen kann, und Nylonstrümpfe, Toilettenwasser, irgend sonst Herausstellendes, wenn die nachfolgende Schwester noch nichts damit anfangen kann – und trotzdem oder deswegen weint. Das Jüngste hat die Erlaubnis zu spätester Nachtheimkehr Jahre früher als die Älteste, die es seinerzeit erkämpfte, und diese hat längst Dienste im Haus, wenn das Kleinste nur spielt. Es geht eben ungerecht in der Welt zu. Bevorzugungen wechseln ständig, werden nie vergessen, schmerzen, gewinnen Gewicht und haben Geschichte. Kein Kind hat etwas davon, „gleich behandelt" zu werden. Es weiß sich erst dann gerecht versorgt, wenn es bevorzugt wird – das ist seine Meßlatte!

Gerechtigkeit für Enkel, Kinder, Schüler ist etwas anderes als Gleichheit vor dem Gesetz. Gerechtigkeit für Kinder liegt irgendwo mitten zwischen den Kardinaltugenden Tapferkeit, Mäßigkeit und Weisheit; man muß die Begriffe nur deutlich genug übersetzen: zur Gerechtigkeit für Kinder bedarf es der Courage, der Barmherzigkeit und der Diplomatie. „Gerechtigkeit" ist auch Willkür des Schenkenden, Unabhängigkeit des Entlohners im Weinberg des Herrn und hat nichts von der Meßgenauigkeit des Steuerbeamten. Der Gerechte muß den Satz „Das ist aber ungerecht" aushalten können.

Was macht der Lehrer, wenn er einen Primaner zugleich in Englisch und Deutsch unterrichtet, von dem er weiß, er kann nicht reden, nur rechnen? Zweimal Mangelhaft auf dem Zeugnis bedeutet Scheitern – in diesem Jahr, womöglich ebenso im Jahr drauf und dann für immer? Er nennt die Leistung in dem einen Fach einfach ausreichend, nach einem halben Jahr dieselbe im anderen Fach so, rettet die Versetzung über die wechselnden Halbjahre und freut sich, weil der Primaner sein Manko kennt und Jahre später sich als anerkannter Physiker ausweist und forscht ...

Man meint, mit Zahlen gehe es einfacher. Der Großvater führte exakt Buch; jede „Zuwendung" – so hieß das Geldgeschenk – wurde vermerkt; es konnte kein Irrtum entstehen. Es gibt so viele Großeltern, Tanten und Mütter, die alles aufschreiben – die Großgeschenke, die Aussteuer, die Studienjahre, die Auslandsferien, die Schmuckstücke ... genau wie der Lehrer die Klassenarbeitsnoten, die Unterrichtsbeiträge, die Referate, die Hausaufgaben ... Bei manchem Lehrer soll es – zumal seit der Erfindung der Transparenz in der Leistungsmessung – fünfzig, sechzig Zahlen, Kürzel, Zeichen, Punkte im Notenbüchlein gegeben haben pro Halbjahr pro Schüler – wie in Großvaters Buchführung die Kolumnen der Geschenkausgaben über die Jahre! Die sechzig Zeichen schützen den Lehrer nicht vor dem gebrummelten Einwand „das ist aber ungerecht", wie den Großvater nicht die Summen vor dem Mitleidsblick „Er ist eben alt", wenn die Note trotz des einladenden Wimpernaufschlags geringer bleibt als erwartet, wenn das Fahrrad durch den Großvater verweigert wird mit dem Hinweis, der zweite Enkel habe auch keines! Andere Väter, Großeltern, Lehrer schenken in Fülle, verschwenden drauflos, vergessen, schenken erneut, bemessen verschieden, haben kein Notenbüchlein. Im Grunde, meine ich, rechnen diese wie jene damit, daß es sich am Ende schon richtig ausgleiche. Denn niemand kann Kindern beibringen, daß alles über einen Kamm zu scheren bei Lämmern angehen mag, sonst aber bedeutet, niemandem gerecht zu werden.

„Gerechtigkeit zu üben gegen jedermann" bleibt eine Kunst und eine Tugend. Man ist sich ihrer nie sicher. Der Satz, der Lehrer sei ungerecht („das ist aber ungerecht"), ist die verletzende Mißachtung seiner Versuche, dem Kind auf seine ihm gemäße Art gerecht zu werden. Er wird es ertragen müssen wie jeder Vater und jede Mutter und wie der Staat, von dem Justus Möser unmißverständlich verlangt: Keine Beförderung nach Verdiensten! „Es geht mir zwar nahe, liebster Freund, daß Ihre Verdienste so wenig erkannt werden; allein, Ihre Forderung, daß in einem Staate einzig und allein auf wahre Verdienste gesehen werden sollte, ist, mit Ihrer gütigsten Erlaubnis, die seltsamste, welche noch in einer müßigen Stunde ausgehekket worden ... Wieviele Ungerechtigkeiten würden nicht in einem Staate, unter dem Scheine, das

Verdienst zu befördern, vorgenommen werden können …".

Das meint das Stefan-George-Wort: „Kinder müssen in Tutelage gehalten werden" – in verantworteter Vormundschaft. Das ist ein anderes Wort für die Pflicht des Erziehenden, Kinder und die Wirklichkeiten der Welt in einen langsamen Prozeß der Auseinandersetzungen zu verwickeln, bis sie erfaßt haben: „Das ist aber ungerecht" ist ein Satz, der die Welt erklärt.

> „Man gibt seine Kinder auf die Schule, daß sie still werden, auf die Hochschule, daß sie laut werden."   Jean Paul

Vorstellungen von der Religion

„Jesus ist die Schnittmenge"

Begriffe ohne Anschauung sind leer". Das können wir von Kindern lernen. Der fünfjährige Enkel fragt: „Wenn Gott größer ist als die Welt, dann muß er doch irgendwo rausgucken aus der Weltkugel?" – Ein Junge aus der Fünften Klasse hat seine Antwort auf die Frage nach der „Theodizee". Er hatte brav gebetet, aber die Bitte um ein gutes Examensergebnis für seinen Bruder vergessen. Mitten in der Nacht fällt es ihm ein, und er holt die Bitte nach. Der Bruder ist trotzdem durchgefallen: „Da war Gott sicher schon am Monitor vorbei!" Für den Jungen nahm Gott alle Abendgebete aller Kinder im Vorbeigehen an einer riesigen Monitorenwand zur Kenntnis.

„Anschauungen ohne Begriffe sind blind". Das zeigen uns die Kinder ebenso: Die vierte Klasse hatte vor der Religionsstunde Rechnen gehabt und Schnittmengen diskutiert. Der Religionslehrer setzt auf die rechte Tafelhälfte das Wort Gott, auf die linke das Wort Mensch und will die Gottessohnschaft Jesu diskutieren. Sobald das Wort Jesu in der Mitte der Tafel steht, tritt ein Kind an die Tafel, umkreist die beiden ersten Begriffe so, daß „Jesus" in zwei sich überschneidende Kreissegmente zu stehen kommt, und erklärt: „Jesus ist die Schnittmenge".

Rührend, anregend, entzückend naiv oder überraschend einfach können die Vorstellungen sein, an denen wir etwas vom Denken unserer Kinder ablesen. Sie können Anlaß zur Selbstprüfung werden, können auch erschrecken: Der kleine Neffe (in Südtirol!) beobachtet seine Großeltern, wie sie beim abendlichen Gewitter die Kerze anstecken, sich bekreuzigend niederknien, um zu beten. Verstohlen zupft der Junge mich am Ärmel und fragt: „Du, Onkel, sind die abergläubisch?"

Entsetzt muß der Lehrer sein, wenn ein Oberstufenschüler in seiner Religionsklausur unfreiwillig enthüllt, was er sich vorstellt: Er erläutert die Sätze des Credo. Zum Bekenntnis „Gottes eingeborener Sohn" schreibt er: „Dies ist allerdings schwer vorstellbar. Jesus ist Gott eingeboren. Jeder modern denkende Mensch weiß, daß nur eine Frau Jesus geboren haben kann. Man geht davon aus, daß es Maria gewesen ist ...". Wer vermöchte mit solcher Simplicitas zu rechnen? Was sonst mag in den Köpfen der Kinder vorgehen, wovon wir keine Ahnung haben? Liegt diese bodenlose Unsicherheit daran, daß unsere Kinder von der vierten Klasse an Theologie betreiben, statt „Biblische Geschichte" zu lesen?

Bevor Kinder die komplizierte Geschichte der Entstehung des Alten Testaments interessiert, wollen sie die aufregende Geschichte vom Handeln Gottes mit den Menschen erfahren, die vielen Geschichten von Gott als sie betreffende erleben, sich in ihnen auskennen. Mit den Geschichten, nicht mit Deutungen, behalten Kinder die Bibel im Kopf. Sie leben darin wie in Abenteuergeschichten – mit Jakob und Rachel, mit Josef und seinen Brüdern, mit Saul und David, mit Nabuchodonosor – welch angsterregender Name schon! Und wenn sie sie in ihrem Jargon wiedergeben, kann das bis zur Komik anschaulich sein, wie bei dem Quartaner, der – im rheinischen Tonfall – die Geschichte von der Flucht Rachels aus dem Haus Labans wiedererzählt, als Rachel die schützenden Hausgötter unter ihrem Rock versteckt hatte und – auf dem Kamel reitend – von Laban gestellt wird; „... und Rachel blieb auf dem Kamel sitzen und hielt die entwendeten Fijürchen fest, sie könne nicht absteijen und sagt (statt zu zitieren, es ergehe ihr nach Frauen Art): Mir isses nich so jut!" Das war konkret, verstanden. Diese Flucht-Geschichte – von Gesten unterstrichen und dramatisch vorgetragen – wird er sein Lebtag nicht vergessen – und der Lehrer den Erzähler ebensowenig.

Schwierig wird es mit „der Religion" erst später – daheim und in der Schule. Religiöser Brauch, Glaubensformen, Glaubensinhalte, historische, modische, pubertäre Vorbehalte sind außerordentlich vielfältig – in den einzelnen Klassen. Und sie können ungemein verschieden sein in den Familien. Der Religionsunterricht muß eine gemeinsame Erfahrung gewinnen – und wenn es die des Staunens über die Vielfalt ist, zum Beispiel die Unabsehbarkeit der Christusdarstellungen seit dem Fisch in den Katakomben. Die Religionsbücher haben sich diese Möglichkeit längst zunutze gemacht durch Bildtafelsammlungen. Das Bild, die Vorstellung, die Anschauung Christi wechselt aus der Goldenen Mandorla des majestätischen Weltenherrschers in den verzerrten Schmerzensmann, von Michelangelos gewaltigem Weltenrichter zum dänisch-milden Menschenfreund Thorwaldsens, vom Menschen unter Menschen am See Genesareth noch bei Richard Seewald zum Beuys-Kreuz aus Flaschen – Schönheiten und Grauslichkeiten, Gewalt und Ohnmacht, Fremde und Nähe – niemals dasselbe. Das kann eine hilfreiche Beunruhigung sein. Die Unverfügbarkeit Christi ist anschaulich, die Herausforderung Jesu permanent. Daß „Gott" immer anders gezeigt, befragt, erklärt, erlebt wird, weil er zu groß ist, um in einer Gültigkeit aufzugehen, ist eine Kenntnis, die schützen kann vor dem Erschrecken über eine Relativität und die warnen kann vor Beliebigkeiten und Einseitigkeiten – etwa der des Revolutionärs, des Tempelreinigers.

Trotzdem – welcher junge Mensch will eine Antwort auf seine Fragen, wenn seine Eltern oder seine Lehrer sie für angebracht halten? Ausgerechnet in der Mittelstufe, während der Pubertät, wenn das Gesetz ihm das Recht gibt, sich vom Religionsunterricht abzumelden? Dazu bietet die Schule durch die organisatorisch bedingten „Randstunden" die Chance, auszuschlafen, einen trinken zu gehen, statt „Religion zu haben". Man sollte nicht erschrecken.

Man sollte warten lernen, bis die Fragen dringlicher werden als der Spaß an dem Selbstdispens, der Selbstbestätigung: ich kann wegbleiben, wann ich will. Die Abmeldung vom Religionsunterricht ist auch – eine Möglichkeit der Bewährung, der Vergewisserung.

Der Religionslehrer hat es leichter und schwerer als die anderen Lehrer. Er kann einladen; sein Unterricht ist fast freiwillig. Seine Leistungserwartung ist Auseinandersetzung. Er muß keinen besonders „interessanten", also meist anpasserisch-modischen Unterricht anbieten, darf die Anerkennung seiner selbst und seines Gegenstandes nicht von der Zahl möglicher An- und Abmeldungen abhängig machen. Sein Gegenstand „Religion" ist so reich und so provokant wie kein anderer. – Der Religionslehrer hat es schwerer, weil er abgestempelt ist als der Gläubige, der listig zum Glauben zu führen habe. Wahrscheinlich ist der meist verbreitete Vorbehalt die Befürchtung des jungen Menschen: habe man sich erst einmal eingelassen – etwa auf die Lektüre der Bibel als einem Dokument menschlichen Lebens, dann werde man an irgendeiner Stelle „gelinkt", aus seiner Reserve gelockt und müsse womöglich zustimmend Stellung nehmen. Man wolle die Texte durchaus kritisch betrachten, endlich frei von den als unerträglich empfundenen Predigt-Einreibungen „der Kirche", mit dem kühlen Blick dessen, der Bibeltexte liest wie er Marx-Texte liest oder Konrad Lorenz ... aber nicht unversehens „eingefangen" werden durch einen geschickten Religionslehrer und veranlaßt werden, die mühsam errungene Distanz-Entscheidung zur Disposition stellen zu müssen? Wer überzeugt ist, wolle nichts als andere überzeugen ...?

Diesen Grundvorbehalt wird der Religionslehrer kennen, ihn diskutieren; die Eltern werden ihn aushalten müssen. Sie können wohl nur helfen durch die Selbstverständlichkeit ihrer „Religion" als Alltag (der eingeübte Dienst wird nicht diskutiert, wohl seine Inhalte ...).

Der junge Erwachsene darf wissen, daß niemand seiner Umgebung, auch der Gläubigste nicht, über mehr an Sicherheit verfügt als er selbst. Die Anschauung Gottes kennt nur der Heilige.

Die Wörter und das Beten

"Wie auch wir vergeben unserem Schuldi gern"

Wörter können viel anstellen beim Beten. Noch entsinne ich mich des Grauens, das mich beim Tischgebet beschlich: „Für Speis' und Trank / Dem Geber Dank!" Ob es daran lag, daß ich den Unterschied zwischen dem Geber und dem Eber nicht gekannt hatte? Ich sah nichts als ein schreckliches „Geber"-Ungeheuer und sollte danken! Jede Mahlzeit begann mit Angst. Und niemand am Tisch ahnte etwas davon.
Ein Wort kann ein Gebet absetzen.

Die Kinder saßen bereitwillig am Tisch und wollten mit dem Gebet beginnen: „Jedes Tierlein hat sein Essen ...", um erleichtert und vertrauensselig enden zu können: „Lieber Gott, ich danke Dir". Ein junger Gast, der das Gebet nicht kannte und auf soviel Unbefangenheit nicht gefaßt war, stimmte ein: „Jedes Tierlein ... hat sein Pläsierlein"! Er hatte gar nicht despektierlich sein wollen; er wollte mitmachen bei einem ihm so possierlich erscheinenden Brauch. Der Lachpruster aller am Tisch hat das kindliche Geplapper unmöglich gemacht. Seither betete man erwachsen-adventlich: „Komm, Herr Jesu ...".

Wörter können die Ahnungslosigkeit des Betenden verraten. Die Klasse – es waren Dreizehnjährige darunter – besprach die Gebete zur Kommunion. Die Worte des Hauptmanns von Kapharnaum standen nicht im Zusammenhang der Perikope, sondern als Teil der Messgebete und wurden einübend gesprochen. Ich stockte beim Zuhören, ließ wiederholen und vernahm erneut und unmißverständlich: „Herr, ich bin nicht würdig, daß Du eingehst unter meinem Dach". Ich fragte nach: Drei von allen sprachen und kannten den Text so. Sie stellten sich vor, daß Jesus unter ihrem Dach einginge; „unter mein Dach" das sei doch grammatisch falsch; „eingehen" also im Sinn von „dahinsiechen", „sterben". (Was mag für diese Kinder bis dahin „Kommunion" gewesen sein?) Wie harmlos und doch nachdenkenswert dies Nachbeten aus einer anderen Unterrichtsstunde: „... Und vergib uns unsere Schuld, wie auch wir vergeben unserem Schuldi gern". Welche Not, nicht wissen zu können, wer der Herr Schuldi ist, auch ein Hündchen? Oft bedürfte es keiner Theologie im Unterricht und am Tisch, sondern einer Erklärung zur Wortgeschichte.

Was mögen sich Kinder denken, wenn sie sagen „gebenedeit"? Sie wissen nichts von der Lehnübersetzung von benedictus. Pfingsten – was mag das sein? Fronleichnam bleibt ohne Worterklärung ein Leichnamsfest: fron- lik- hammun, des Herren Lebens-Hemd; bei solchem Wort bedürfte es neben der Wortgeschichte der Theologie dazu: daß wir das „Fest der Hülle des Lebens des Herrn" begehen. – Was mögen die alten Sachsen und Franken zu tun gehabt haben, als sie das halbe Jahrtausend Kirchengeschichte der Konzilien eindeutschen mußten? „... genitum non factum, consubstantialem patri ...", ist das „gezeugt, nicht geschaffen, eines Wesens mit dem Vater?" Und was ist das?

Wenn das Beten einmal wieder schwer geworden ist, kann die Etymologie helfen: Wieviel Theologie, Geschichte, Vorstellungskraft stecken in den Wörtern unserer Gebete!

Der Ratschlag des Heiligen ist gut: „Wenn du nicht mehr beten kannst, geh trotzdem in den Chorraum und sieh den Brüdern beim Beten zu". Manchmal sind Worterklärungen vorrangig. Wie erleichtert wäre ich gewesen, hätte ich gewußt, daß der „Geber" ein Donator, ein großmütig Schenkender ist!

Zeitzeugen

„Wo warst du, Adam?"

1933 waren sie etwa zehn Jahre alt, die letzten Zeugen. Seit sie Mütter, Väter, Lehrer, Pastoren sind, haben diese Erzieher viel zu tun gehabt mit – Auschwitz. Ihre Kinder, Schüler, Hörer haben sie gefragt, vierzig Jahre lang.

Alle zehn Jahre etwa – für jede Kindergeneration fast präzise einmal – gab es in Deutschland für Wochen jeweils ein unabschüttelbares Datum, das die Frage bewirkte und zur Antwort zwang. Bitburg war 1985 das jüngste dieser einfordernden Daten für die nachfragenden Nachgeborenen. Der Holocaustfilm war es 1978, der Eichmannprozeß 1961, die Hakenkreuzschmierereien der damals sogenannten Halbstarken in Köln 1958. In den Jahren 1949 bis 1951 erschienen die ersten Bücher von Heinrich Böll: „Der Zug war pünktlich" – „Wanderer, kommst Du nach Spa" – „Wo warst Du, Adam?". Mit diesen Büchern wurde die „re-education" abgelöst von der Geschichts-Gewissens-Erforschung der Generation der letzten Zeugen. Seither stellen die Söhne und Töchter und Schüler den um die Mitte der Zwanziger Jahre Geborenen die Böll-Frage – sehr direkt und privat: „Wo warst Du, Adam?".

Die fragenden Kinder haben ihren Eltern und Lehrern keine Chance gelassen, sich in die „Unfähigkeit zu trauern" zu entziehen. Für diese Eltern und Erzieher galt nicht, was Professor Franz Böhm von den Älteren gesagt hatte: „Die Unlust, Tatsachen aus der Zeit des Hitlerstaates mitzuteilen oder anzuhören, hat eine ungeheuer simple Ursache. Millionen von Deutschen, die damals falsch getippt hatten und hereingefallen sind, fühlen sich von den nackten Tatsachen so sehr beschämt und verbittert, daß sie die Wahrheit sozusagen aus Gründen der Selbstbehauptung verabscheuen" (1959). Jene schämten sich ihres Versagens, die später geborenen Eltern schämten sich des Verderbens, das sie nicht herbei gebracht, doch als Halbwüchsige erfahren hatten. Deshalb konnten ihre Kinder sie unbefangener fragen und mußten diese Lehrer und Eltern direkter und wahrhaftiger antworten – immer wieder 1960, 1970, 1985. Sie hatten es leichter als die Großeltern und schwerer als die Kinder. Heute, nachdem Bitburg offenbar machte – für immer und jeden –, daß es in Deutschland keine Kriegerdenkmale geben kann, wissen die inzwischen dreißigjährigen Kinder dieser „letzten Zeugen", daß auch sie den Auschwitzstern tragen werden und ihn weiterzureichen haben werden an ihre Kinder.

Vor sieben Jahren wurde der Holocaustfilm in den Klassen und Familien diskutiert, weil die Söhne und Töchter und Schüler fragten. Die damals Zwölfjährigen wunderten sich, warum in den herausgekramten Familienphotoalben daheim so seltsame Kratzer auf den Photos saßen – immer auf dem Revers der Großväterbilder, auf vielen, fast allen. Die Kinder fragten. Parteinahme-Abzeichen sind nicht wegzuradieren. – Mehr als zehn Jahre zuvor war der Eichmann-Prozeß jeden Abend in der Tagesschau in jeder deutschen Stube, als sei das Fernsehen eigens für diese unbeobachtbare Gewissenserforschung der Familien erfunden gewesen. Die Kinder haben gefragt, bis sie wußten. Es waren nicht wenige aus der Generation ihrer Väter und Mütter, die 1945 gerade um die Zwanzig gewesen war, und die jetzt in satisfaktionsfähiger Scham bereit waren zur Antwort. – Als 1958 die ersten Hakenkreuze der „Halbstarken" auftauchten – gewiß als eine Protestaktion jener jungen Leute, die eben keine befriedigende Auskunft bekommen hatten von ihren Eltern und Lehrern – ließ Christine Teusch, damals Kultusministerin in Nordrheinwestfalen, in allen Schulen per Fragebogen ermitteln, was denn im Geschichtsunterricht vermittelt worden sei. – Die klarste Antwort gab ein Kollege dieser Generation der letzten Zeugen. Er füllte aus: Quinta – Karl der Große; Obertertia – Der Erbfolgekrieg; Oberprima – die Verfassungen ...; keinmal war Hitler vorgekommen – und nicht Auschwitz – in den vorgesehenen Rubriken. Er setzte eine Anmerkung an den Fuß des Fragebogens, damit jedem die Unbrauchbarkeit solcher behördliche Nachfrage-Exculpation klar war: „Der Nationalsozialismus wurde in jeder Unterrichtsstunde behandelt".

So reagierte diese Generation mit Nachdruck auf die Vorsicht (der Behörde), auf die schweigende Wut (der Großväter), auf die Beschwichtigung (staatlicher und kirchlicher Salvatoren). Ihre Kinder entließen sie nicht aus der Frage „Wo warst Du, Adam?" Diese Generation mußte antworten, weil sie erfahren hatte, was Heinrich Böll aus Anlaß des Eichmannprozesses gesagt hatte: „Es wäre sehr einfach, mit dem Prozeß gegen Eichmann eine weitere Teilzahlungsrate an Verantwortung loszuwerden ... aber so einfach ist die Sache nicht; immer wird ein Teil der Verantwortung unangenommen bleiben und an die Unschuldigen, unsere Kinder, weitergegeben werden; von den Unschuldigen wird diese Verantwortung gefordert werden". Das hatten die Kinder gemerkt und deshalb fragten sie und ließen nicht locker und müssen sich heute selbst stellen.

1965 hatte das zwölfjährige Mädchen das Buch von der Judenverfolgung gelesen „Der gelbe Stern", war zutiefst betroffen, hatte sich informiert. Heute dokumentiert dieselbe junge Frau mit ihren Schülern zusammen die Deportation der Juden aus der Heimatstadt. Und der achtzigjährige Emigrant ist frappiert, verwirrt von ihren Kenntnissen aus der Nazizeit und fragt sie, wie sie denn die Nazizeit erlebt habe: Sie wurde 1953 geboren!

Man täusche sich nicht: Auschwitz wird präsent bleiben und die letzten Zeugen werden Auskunft geben müssen. Es ist ebenso ein Irrtum zu akzeptieren, was die Medien nach ihren Umfragen und Interviews von Zeit zu Zeit verbreiten: Die Schüler wüßten nichts von Hitler, in der Schule sei man wieder nur bis Bismarck gekommen ... Die Rundfrager vergessen: Erinnert bleibt nur, was mit den Fragen des Lernenden unmittelbar zusammenhängt. 1942 ist für ein Kind, für jeden Heranwachsenden so weit weg wie Karl der Große!

Aber – die ausgemerzten (welch ein Wort, heute!) Parteiabzeichen im Familienalbum, die gesammelten Zeitungsausschnitte aus der Heimatzeitung, die Namens-Symbole „Holocaust", „Eichmann", „Bitburg" – zwingen die letzten Zeugen immer neu vor die Frage: „Wo warst Du, Adam", als man Deinen Nachbarn erschlug? Bölls Frage bleibt aktuell.

1958 sagte Heinrich Böll: „Die Summe der Leiden war zu groß für die wenigen, die eindeutig als schuldig zu erkennen waren", und 1985 – im Jahr von Bitburg und im Jahr seines Sterbens – gab er die für immer entscheidend bleibende Formel: „Die Feststellung: Keine Kollektivschuld! bedeutet nicht Kollektivunschuld".

Zustimmung

Zutrauen statt Rechthaben

Grammar of Assent, hatte Kardinal Newman 1870 sein Grundrezept einer Glaubensmoral genannt. Eine einzuübende Grammatik des Zustimmens sei das nötige Exerzitium, einen Glauben zu gewinnen. Heute gilt Nein-Sagen als chic. Die Nein-Vokabeln haben Mode: Kritik, kritisches Bewußtsein, Konflikttheorie, Protest. Es scheint, als werde pubertäres Nein-Sagen, zu seiner Zeit nötig wie nichts sonst, zu einer Dauerhaltung stilisiert und wie eine sich lohnende Weltanschauung vorgetragen.

Ja-Sagen macht kritischer.

Nein-Sagen ist die abwehrende Schutzgeste des Unsicheren vor Überredung, vor Festlegung, vor Konsequenzen und Engagement. Ja-Sagen, Anerkennen-Können, Zustimmung verlockt zur Einsicht und eröffnet die Chance zur Freiwilligkeit.

Zustimmung vor allem anderen brauchen junge Menschen, braucht das Kind, der Schüler, der bockende Sohn und der traurige Backfisch gerade dann, wenn sie widersprechen, damit sie Zeit bekommen zu lernen, was der Bedächtige, der Alte oder der rhetorisch Geschulte längst wissen:

Auseinandersetzen kann ich mich nur mit etwas, das ich genau kenne – und ich kenne nichts genau, was ich nicht auch von der anderen Seite her gesehen habe. Wenn wir erkennen wollen, was uns gegenübersteht, dann ist dies eine erste Bedingung dazu: Man muß einer Sache zustimmen, wenn man ihr entlocken will, was in ihr steckt. Man muß sich mit einer Sache, einer Schwierigkeit, mit seinem Partner, seinem Gegner, seinem widerstreitenden Sohn, mit dem abblockenden Schüler zustimmend einlassen, wenn man sie verstehen will.

Ja-Sagen als Bedingung der Kritik scheint nur ein Paradox. Sobald ein Sohn seinen entschiedenen Wunsch nennt, die Tochter ihr Ziel, besserwisserisch wie immer, durchsetzen will, der Schüler Meinung nach Meinung herausschmettert, wird ein „Nein", eine noch so berechtigte Ablehnung, jede Klärung im Trotz ersticken. Das „Nein" unterbindet weiteres Prüfen, ein „Ja" kann die Ohren öffnen.

Antwortet einer Forderung, einem Wunsch, einer Anmaßung, einer verqueren Meinung Zustimmung, bleibt die Unterhaltung offen. Werden Argumente akzeptiert, vorläufig fremd anmutende Vorstellungen übernommen und in die angezielte Richtung verlängert, dann sieht sich der Fordernde verstanden, der Behauptende ernst genommen, dann werden Nachdenken, eigenes Bedenken ins Rückfragen führen. Der Dialog kann beginnen ...

Widerspruch reizt zum Widerstand, Zustimmung provoziert Zuhören.

Es ist ja so schwer, nicht recht zu haben. Aber eben das sollte der Ältere dem Jungen voraushaben: Gelassen das Richtige im probenden Protest, in der provozierenden Gegenhaltung herauszuhören, mit dem jungen Menschen zusammen das Gemeinte zu formulieren. Wer zustimmend mit bedenkt, wird helfen können, einen Gedanken zu Ende zu denken, den Gedanken des anderen zu Ende zu denken. Der andere – mein Partner, der Schüler, der Sohn, mein Kontrahent – muß verstehen, daß er verstanden wurde; er wird bereit werden, mit mir weiterzudenken. Ich muß nicht dem Gegenteil dessen zustimmen, was ich selbst denke – nur dem Menschen muß ich zustimmen, ihn verstehen, um mit ihm weiterzureden.

Solche „Grammar of Assent" ist alles andere als Anpassung ans Gängige oder Vermeidung von Auseinandersetzung und erst recht etwas anderes als methodischer Umgang mit Menschen, gerade mit zu Erziehenden. Zustimmung respektiert, daß jede Didaktik ihre Schamgrenze hat.

Zustimmung ist ein Vertrauensbeweis. Sie ist Bedingung von Kritik, die verändern will. Nur wer sicher sein kann, daß er verstanden wurde, wird bereit sein, zuzuhören und Argumente neu zu prüfen. Deswegen ermutigt Zustimmung auch zum Engagement. Unsere Fähigkeiten, unsere Fertigkeiten wachsen, werden um so wirksamer, je erwartungsvoller ihnen zugestimmt wird. Deswegen unterrichtet jeder Lehrer das am besten, was er am liebsten unterrichtet, erreicht der Schüler dort das Beste, wo er die meiste Anerkennung erfährt, folgt das Kind am liebsten, wo ihm zugestimmt wird. Zustimmung bewirkt Verpflichtung, zustimmendes Vertrauen in das rechte Wollen des anderen erwirkt dessen Selbstvertrauen. Zustimmende Freundlichkeit empfängt dieselbe zurück und kann sie an den Nächsten weitergeben. So kann Zustimmung Frieden schaffen.

„Großer Geist, gib, daß ich meinen Nachbarn nicht eher tadele, als bis ich eine Meile in seinen Mokassins gewandert bin."